戦国武将英雄譚の誕生

橋本 章
Akira Hashimoto
【著】

岩田書院

『戦国武将英雄譚の誕生』目次

序章――歴女の登場とその背景――

石田三成の書状の前で泣く女

二〇〇六年十月某日、当時、琵琶湖畔の博物館に勤務していた私は、展示室内を巡回中、ケースの前で涙を流しているひとりの若い女性が居るのを眼に留めた。どこか体を悪くされたのかと思い声を掛けてみたところ、「大丈夫です。感激して思わず泣いてしまっただけです」との返答がかえってきた。

当時その博物館では、ちょうど私が手がけていた戦国武将の石田三成と大谷吉継に関する企画展示が開催されていて、彼女が涙を流しながらたたずんでいた展示ケースには、石田三成自筆の書状が展示されていた。それは、石田三成が称名寺という寺に宛てて出した手紙で、その内容は、賤ヶ岳での柴田勝家との戦いを前にした羽柴秀吉旗下の三成が、柴田の軍勢の動向を地元の寺に探らせているというものであった。

この書状は、一般に広く知られているような有名な史料というわけでもなく、またその内容も、決して若い女性の涙を誘うようなものではない。しかしながら、彼女は三成の書状を前にして「感激して」泣いていたのである。どうやら彼女の涙の源泉は、その書状が石田三成の自筆であったということによるようであった。彼女は、古文書の希少性や書状の中から垣間見られる歴史的事実の断片にではなく、石田三成という人物が実際にこの紙に自らの手で文字を記したという、その一点において感激をしてくれたのであった。

この件に関して言えば、一枚の古文書そのものに現代の女性を涙させる力があるわけではない。おそらく彼女が感激した背景には、石田三成という実在の人物の行動から紡ぎ出されたあまたの物語があり、その物語を脳内で深く体感したであろう彼女は、ガラス越しに対面した三成の自筆書状という記号に触れることで、その物語を反芻したのである。つまり、三成の書状という物体そのものは、彼女の心の琴線を刺激する着火剤だったのだ。

しかし、三成書状を前に涙する若い女性を眼にするという私にとっての驚くべき出来事は、その意味を深く考える間もなく、記憶の片隅に押し遣られていた。ところがそのわずか数年後、「歴女」という単語が出現し、さまざまな場面で語られるようになってはじめて、この落涙事件は世間の流れの大いなる予兆であったことに、遅まきながら気付かされたのである。

「歴女」の登場

二〇〇九年、「歴女」という言葉は新語流行語大賞のトップテン入りを果たした。歴女をイメージさせる女優が代表して受賞の喜びを語る姿は、従来の歴史好きや歴史マニアとは明らかに様相を異にした。そもそも歴史愛好家といえば、中高年の男性が圧倒的で、博物館で歴史講座を開けば、来聴者は大半が男性というのがお決まりの風景だったのだ。ところが、歴女と呼ばれる層は、従前の常識を覆すような若い女性たちで占められていたのである。こうした様相は各種業界を驚かせ、「歴女ブーム」なる現象をも巻き起こし、ビジネスチャンスとして、歴女に積極的にアプローチを仕掛ける向きも現れた。

そもそも「歴女」とは、文字面こそ歴史好きの女性を略した言葉であるが、その在り方は単なる女性の歴史愛好家という枠を超えている。それは、彼女たちが歴史に興味を持つきっかけとなる媒体に違いがあって、時代小説やテレビの時代劇など、中高年の男性を虜にした従前のような作品群に加えて、ゲームや漫画、アニメといった、より幅広くしかもエンターテインメント性の高い作品が大きく寄与している点にその特徴がある。ゲームやアニメから知識を得た若い女性たちは、その作品に描かれた特定の歴史人物の帯びる物語に感化され、さらに深くその物語の深層へと踏み込んでゆき、やがて「歴女」となるのだという。特に戦国時代を扱った作品は、そこに登場する数々のエピソードに彩られた武将たちの物語や、その武将と同時代を生きる多彩な人物の物語が相乗効果となって、歴女の愛好する対象として格好の素材を提供している。

例えば、二〇〇九年の流行語大賞ノミネートに大きな影響を及ぼしたとされる『戦国ＢＡＳＡＲＡ』という作品は戦国時代を舞台に著名な武将が活躍する内容で、当初はゲームとして展開したものが、登場するキャラクターの人気上昇とともにアニメ化され、二〇〇九年から延べ二回のテレビシリーズ放映を経て劇場映画も制作されるなど大いに人気を博した。この作品に登場する戦国武将たちは、歴史通が承知する基本情報をある程度踏襲しつつも、デフォルメされた人物造形が魅力となっている。例を挙げると、主役級として登場する伊達政宗などは、鎧兜姿こそ歴史マニアにも比較的お馴染みのものだが、六本もの刀を同時に振り回し「Let's Party!」などと英語を叫ぶ、なんとも豪快なキャラに仕立てられている。

こうしたゲームやアニメなどを入口として歴史の扉をくぐった歴女たちは、好みのキャラクターから歴史を通観してゆく。そして、その人物の足跡を追い求めて、関連する文献資料にあたり、ゆかりの地を訪れるなどする。あるいは、たどり着いた博物館で自筆の書状を発見し、感涙にむせぶのである。

歴女ブームの到来と世間の動き

歴女たちによる歴史上の人物にゆかりの地を探訪する活動が「聖地巡礼」などと称されブームの兆しをみせると、

こうした歴女の活躍は、地域おこしの素材としての歴史人物の掘り起こしという新たなムーブメントを全国的に巻き起こした。歴女が好みそうなご当地の歴史人物が探索され、その人物から造形されたゆるキャラなどが各地で開発された。そして、歴女ブームと前後して全国各地に起こったのが、歴史人物のキャラクターをまとった「おもてなし武将隊」などのキャスト集団創設の動きであった。

そのきっかけは、二〇〇九年に設立された「名古屋おもてなし武将隊」の成功であったという。名古屋市が雇用対策事業のひとつとして打ち出した名古屋城周辺の観光ＰＲ部隊の設立がそれで、織田信長や豊臣秀吉、徳川家康など名古屋にゆかりの武将たちの姿をしたキャストたちが、名古屋城で観光案内やパフォーマンスを繰り広げて来客をもてなすという企画は、武将に扮する若者たちにいわゆるイケメン男子を配したことで人気が沸騰し、やがてこの流れは全国に波及していった。そして、戦国武将伊達政宗とその家臣団に扮した仙台の伊達武将隊や、坂本龍馬ら土佐藩の勤王の志士たちをモチーフにした高知の土佐おもてなし勤王隊、ＮＨＫ大河ドラマ「江―姫たちの戦国―」放映に合わせて浅井長政ゆかりの地長浜で結成された長浜歴ドラ隊など、歴史人物に依拠した数々のおもてなし隊が、各地に出現したのである。

彼らのいでたちは、実在の歴史人物のエッセンスがふりかけられてはいるのだが、それは必ずしも歴史上伝えられる人物像に忠実にその造形が再現されているわけではなかった。例えば、愛知県岡崎市で結成されたグレート家康公「葵」武将隊は、徳川家康とその旗下の勇猛な三河武士の姿が転写された人物造形がなされているのだが、井伊直政や酒井忠次、榊原康政や本多忠勝など、家康を取り巻く武将たちはみな一様にイケメンの若い男子であり、ワイルドな風貌や派手なパフォーマンスは、さながら鎧をまとった今風のアイドルといった雰囲気であった。おもてなし武将隊は、歴史的な考証を尽くして人物を忠実に再現することを目的としたものではない。しかし、歴女たちがゲームやアニメの中で親しんだ自分たちの好む歴史人物像には、むしろ武将隊のキャラクター造形の方が近かったのである。

繰り返される歴女の歴史

二〇〇九年からの歴女ブームの火付け役のひとつとなったのは、『戦国ＢＡＳＡＲＡ』などのゲームやアニメであったが、歴史上の人物をモチーフにしてアニメなどが作られることは、別に昨今急に始まった流れではない。同じアニメということであれば、例えば、昭和六十三年（一九八八）から放送が開始された『鎧伝サムライトルーパー』という作品が類例として挙げられるだろう。同作は、登場するキャラクターに熱心なファンがついて一大ムーブメントとなった、アニメ界における先駆的な作品であった(1)。

サムライトルーパーの登場人物たちには、それぞれに戦国武将にゆかりの名前や性格が付与されていた。主人公は真田幸村をモデルにした人物で、それを取り巻く仲間たちには羽柴秀吉や毛利元就、伊達政宗といった戦国武将たちから引き出されたキャラクターが与えられており、また真田は熱血漢で羽柴は知恵者というように、歴史上のそれぞれの人物を彷彿とさせる性格付けもなされていた。

当時は、ギリシャ神話をモチーフにした『聖闘士星矢』というアニメが流行しており、そこに描かれた、美しくも雄々しい少年たちが鎧の如き武装をまとい、協力して難敵と戦うといったシチュエーションが乙女たちの支持を得ていた。鎧伝サムライトルーパーは当初その二番煎じ的な作品と思われたが、戦国武将をモチーフにしたことで、登場人物のいわゆるキャラが立ち、各個に人気が出て、ついにはその役柄を演じる声優たちにまでスポットがあたり、彼らに黄色い声援が飛ぶほどのコンテンツに成長したのである。

『鎧伝サムライトルーパー』から『戦国ＢＡＳＡＲＡ』までのおよそ二十年の間に、時代は昭和から平成へと移り変わった。そしてゲームの世界はあまねく進展し、アニメを取り巻く環境も大きく変わった。しかし、戦国武将のキャラクターを援用した作品は再び生み出され、時代の変化の波を受けてもなお、類似する事象を起こし得た。二十年の時代を経て異なるのは、当時はそこに「歴女」というタームが存在しなかったということだけである。

物語化される戦国武将の事績

「歴女ブーム」という現象は、ひとえに「歴女」という言葉を得たことによって、総括されやすい事態となった。例えば『鎧伝サムライトルーパー』が流行った時代にも、今からみれば歴女と同じような活動をした若い女性たちはたくさん存在した。つまり歴女ブームとは、ネーミングの妙味と時代にマッチしたタイミングが生み出した現象なのであって、そのブームの根本的な部分は、決して突如出現した新たな動きではないのである。では、そもそもの「歴女」たちは、いかにして立ち現れてきたのだろうか。

歴女たちが愛好するのは、まず歴史上の特定の人物であり、そしてその人物がまとう物語である。ただそこに至る道程には、彼女たちが歴女化するきっかけとなった、アニメやゲームなどによる歴史事象の脚色という影響がある。たった一人で何百人もの敵をなぎ倒すなどという武将の活躍は荒唐無稽の極みであるが、その人物が武辺者であるか知恵者であるか、どういった行動をする人物なのかといったキャラクター設定には、一定程度の歴史的考証が加味されている。荒唐無稽も度が過ぎれば人びとには受け入れられないからである。

その意味では、歴女たちを魅了するゲームの武将キャラクターも、昭和の最末期に出現したアニメの戦国風勇者も、共に万人がある程度納得する歴史物語の延長線上に起立していると解釈される。

このことは実は、歴女の出現前から歴史物に親しんできた、中高年の男性を中心とした歴史ファンにとっても同じなのである。つまり、彼らが愛好した、時代小説や時代劇に登場する歴史上実在した人物たちもまた、幾ばくかの歴史的な考証を経た上で、そこに程度の差こそあれエンターテインメント性を加味されて、世に送り出された存在だからだ。要は、歴史物を通観する物語が、時代によって微妙に形を変えながら流通しつづけているのだということが、歴女出現に至る一連の流れの背景からは読み解くことができるのではないだろうか。ならば、その「物語」とは、いかなるかたちで私たちの前に提示されるに至ったのであろうか。

消費される戦国武将の「物語」

私たちが知っている歴史上の人物の事績は、古文書の分析など歴史研究の蓄積によってより具体的な像を結ぶようになった。特に戦後になって、より客観的な歴史の検証が求められるようになると、それまでの人物史観的なものの見方は次第に否定されるようになった。しかしその一方で、私たちの周囲では歴史上の人物についての史実に依拠しないさまざまな逸話が、いまだに語られつづけている。

そもそも歴史上の人物との対話は、残された文献資料等の記録でしか本来為すことができないものであるが、私たちは会話も交わしたことのない彼ら歴史人物の性格を類推したりして、その人物の感情の起伏や行状の善悪についても、思いを巡らすことがままあるのだ。それは、彼らの残した史実の中から紡ぎ出される場合もあるが、その大半は彼らの周縁から発し、語り継がれてきた逸話によって構成された「物語」に依るところが大きい。

私たちは、歴史上の人物たちに付与されてきた一定の人物像から、彼らの性格を想像し得る。それは必ずしも史実とは一致しないのだが、史実から離脱した各人物の造形はその魅力をいきおい増すこととなり、あるいは逢ったことも話したこともない歴史上の人物に、好感を持ったりもすることがある。歴女と呼ばれる女性たちが歴史上の人物に心を寄せることが出来るのも、史実に依拠しながらも、必ずしもそれだけに留まらない人物造形があったからにほかならない。歴史人物は、生前の言動行状によって事績を残すが、そうした素材を元に、後世の人びとによって〝語られ〟、その魅力は増幅されてゆくのである。

人は、歴史人物の逸話から学び、感動し、憧れを抱く。そして、自身の人生との対比の中で彼らに対し何かを仮託する。後世の人びとは、その時々の世相や流行に左右されながら、歴史人物の魅力を勝手に膨張させて、その「物語」を喰らい尽くしてきたのである。

本書のねらい

歴史上活躍した人物たちの生き様は、後世における人びとの暮らしや人生に何らかの影響を与え得る。その反応は時代によって異なりはするが、幾重にも語り継がれ受け継がれることによって形づくられてきた物語は、決して無視できない我々の文化である。その「物語」の意味や変遷の過程を考察することで、現代社会にも照射できる何か見えてくるものがあるかもしれない。

本書では、この〝何か〟を見定めるために戦国時代に活躍した武将を取り上げる。戦国の世とは、殺伐とした戦いの空気が世を支配した時代であるが、一方では下剋上と謳われそれまでの身分秩序を転換できるかもしれない機会が幾つもあり、才覚の如何によって立身出世も可能な時代であったと後世の人びとに認識されている。江戸時代を迎え固定化された社会にあっては、そのような一発逆転を狙える時代というのは魅惑的に映ったであろうし、そうした時代への憧憬の念は一部現代にも受け継がれている。この魅力的な時代には、他の時代に比してさまざまな武将の活躍が語られ、彼らは数多くのエピソードを残して消え去っていった。ある意味自由闊達な空気を漂わせていた戦国時代は、人びとの夢を乗せて語られる歴史人物が特に多い時代なのである。

戦国武将と呼ばれる者たちがまとった「物語」とはどんなもので、それはどのように変化し受け継がれてきたのだろうか。本書では、戦国武将と呼ばれるこの時代の人物たちの中から、明智光秀・豊臣秀吉・山内一豊・石田三成・長宗我部盛親・小堀遠州の六人を選んで論を進めてゆこうと思う。この六人は活躍した状況も異なり、また、天下人から敗軍の将、そして文化人まで、その生涯も多岐にわたる。本書では、彼らの生前の行状はもとより、主にその死後、後世の人びとにその業績がどのように語られていったのかを探ってゆく。そして、その事績が「物語」として人びとに受け入れられ語り継がれてゆく様相について、検証してみたいと思う。

註

（1）「鎧伝サムライトルーパー」は、一九八八年四月から一九八九年三月まで、名古屋テレビ系列で放映されたＴＶアニメーション。真田幸村をモチーフにした「烈火のリョウ」ら五人の少年が、「鎧ギア」と呼ばれる装甲具に身を包んで敵と戦う物語。女性を中心に人気を博し、映画や続編のＯＶＡも制作された。『アニメ作品事典―解説・原作データ付き』（二〇一〇年　スティングレイ）八三三頁参照。

第一章　明智光秀―物語化される悲劇の戦国武将―

はじめに

明智光秀に花を手向ける行事

毎年四月八日になると、各地の寺院ではお釈迦様の誕生日を祝う花祭り・釈迦降誕会が催される。この日は、旧の月の呼び名をとって「卯月八日（うづきようか）」とも言われるのだが、この卯月八日という呼称には、かつて別の意味が込められていた。

近世から明治期にかけての京都およびその近郷の伝承や年中行事などを書き記した、江馬務の『日本歳事史・京都之部』には、卯月八日について「京都では昔から此日樒枝躑躅石楠花の花を三叉にくくつて竿頭に挟み高く建てて仏に供へる。これを花の塔といつている。又一説に躑躅と卯の花を縛ることもある(1)」との一文がみえる。

これは「天道花」や「八日花」、あるいは「卯月八日」などとも呼ばれる行事で、京都府の丹波地方や滋賀県の高島市、奈良県、そして三重県の伊賀地域などでは、新暦でするか旧暦でするかの違いはあれども、シャクナゲやツツジなどの花を束にして長い竹の先に付けて、庭に立てている様を目にすることが今でも時折ある。葦葺き屋根や甍の波間にピンク色の花がポツリポツリと咲く様子は、なかなかに面白いものであるが、江馬の記述にもある通り、おそ

写真1―①　オツキヨウカ（三重県伊賀市大野木にて撮影）

伊賀地域では、旧暦の４月８日に合わせて５月中旬かもしくは５月８日に行われる。山躑躅と石楠花を竿の先に付けたものが家の庭先や門の前に立てられる。

らく今から百年ほど前までは、京の街中にも同様の光景が見られたのであろう。

奇しくも四月八日に行われるこの花の行事は、江馬も述べているように、花をお釈迦様に供えるとする説や、おてんとう様（太陽）に供えるのだとする説があるほか、この行事では花を一昼夜立てておくのが大体一般的なことから、お月様に供えるのだという説まで、実にさまざまな解釈がなされている。

天正伊賀の乱の記憶と明智光秀

ところで、この天道花の行事を今もわずかに伝えている三重県の伊賀地域には、この花を手向ける対象が明智光秀であるとする伝説が残されている。伊賀と明智光秀。一見関係性は薄いように思われるこの伝説の背景には、戦国時代に伊賀の地を焦土と化した織田信長による侵攻作戦の歴史がある。天正伊賀の乱と呼ばれるこの戦いは、天正七年（一五七九）頃と天正九年の二度にわたって、織田信長の勢力と伊賀の国人衆とが死闘を繰り広げたもので、この戦いによって伊賀の反信長土豪勢力はほぼ一掃されたという。

江戸時代前期、菊岡如幻（一六二五～一七〇三）が著した『伊水温故』の序文には、この織田信長による天正伊賀の乱での所行について「所々に討ちいり道俗男女の差別無く青蒼を薙ぐが如く誅罰し、はては放火に及びたり。悲しきかなや累代みがき立て玉を連ねし宮殿仏場霊宝旧籍目のあたり灰燼となりて卒然と焼失す。猶郡黎の殺害は一州過半の滅亡也(2)」との記述がみられ、伊賀ではこの戦いの凄惨な記憶が語り継がれてきたことがうかがえる。

つまり、伊賀の人びとにとって織田信長は故郷を滅ぼした仇敵であり、その信長を本能寺で討ち滅ぼした明智光秀は、天正伊賀の乱で敗れた伊賀の人びとの無念を晴らしてくれた恩人というわけである。伊賀地方では、卯月八日に花を供えることから付けられた呼び名であるという。それは、京都の例のように太陽に供える花ではなく、闇に映える月花を供える行事を「オツキヨウカ」とも称する。後世謀反人と呼ばれ、日陰者の誹りを受け続けた明智光秀への手向けにと、月に供えられる花の風習はいつしかなぞらえられたのであろうか。

明智光秀という人物は、反逆者という負のイメージで現在も捉えられている。しかしそこに悪役としての印象は薄く、どちらかと言えば、冷酷無比な織田信長に挑み、これを弑逆しつつも、三日天下と呼ばれるほど儚い運命に殉じた、悲運の武将としての立地が与えられている。それは、近代以降成立した数々の歴史ロマン小説等によって醸成された光秀像によるものだけではない。おそらく、それ以前の時代から語り継がれてきた明智光秀という人物にまつわる逸話や、その波乱の生涯に仮託されてきた人びとの願いの集積が、物語として結実したという側面も、少なからず影響しているのであろう。

一　光秀は「能吏」か「謀反人」か

明智光秀へ寄せられる思い

明智光秀という部将に対する語りには、大きく二つの側面がある。ひとつは織田信長の天下統一事業を支えた「能吏」としての光秀像、そしてもうひとつは、その信長を弑逆した「謀反人」としてのそれである。本能寺の変という歴史上きわめて希なる事件の立役者となった明智光秀は、主君殺害の動機の謎やその悲劇的な最期など、人口に膾炙する数々の素材を後世に提供することとなった。

この「能吏」と「謀反人」という一見相反する性格は、しかし、明智光秀という人物の中で同居することによって、とても魅力のある物語を生み出した。それは、現代の私たちが光秀に対して抱く感情が、彼が主君を殺した悪逆非道の徒であるにもかかわらず、必ずしも嫌悪の対象とはなっていないことにも現れている。

例えば、明治時代から昭和初期にかけての衆議院議員であり、伝記作家としても知られた小泉策太郎（三申：一八七二～一九三七）は、その著書『明智光秀』の中で「光秀が主君の暴逆に堪る能はず終に鉾を逆まにして本能寺の襲撃を断行せしも亦た是れ当時の士風に徴して深く怪しむを要せざる也[3]」と述べて、光秀が不当に暴虐の誹りを受けていることを嘆いている。小泉は光秀の人品を「謹厚堅忍」あるいは「温雅優容」といった言葉で表しており、同書が光秀の事績を顕彰することに特化した書物であるとはいえ、明治の時点で既に現在の明智光秀観にも通ずる見解が示されている点は興味深い。ちなみに、代議士時代の小泉策太郎は、当時の政界随一の「策士」と標榜された男であったというから、これが彼の手になる光秀論とはことさらに面白い。

光秀に対する同情的な意見は歴史学者からも寄せられており、例えば桑田忠親は「明智光秀が、逆臣の汚名を千載青史に留めたのは、一つには、山崎の決戦で光秀を討ち滅ぼした秀吉が、主君信長の仇を討った功績を言いがかりにして、かれ自身が信長の死後、織田家の天下を横取りした罪を糊塗するために、光秀を特に稀代の叛逆者として強調し、宣伝する必要に迫られたからであろう(4)」と述べ、光秀の人物像が故意に歪曲された可能性を指摘している。

謎の多い明智光秀

明智光秀という人物の実像は、本当のところあまりよく解っていない。彼の年齢も、そしてその出身地すらも、限りなく伝聞と類推によって示されたものでしかないのである。

光秀に関する史料として最も充実した記載のみられるのは、江戸時代の前期に版本がある『明智軍記』であるが、光秀の年齢は、そこに掲載された彼の辞世「順逆無二門　大道徹心源　五十五年夢　覚来帰一元(5)」の記載から、享年が五十五歳であったと推察されているに過ぎない。実は出典となった『明智軍記』については、歴史学者の高柳光寿によって「誤謬充満の悪書(6)」と酷評されており、文献史学の研究者からは必ずしも信を置かれていない。また、光秀の年齢については、『明智軍記』のそれとは異なる記述を持つ史料も別にあって、依然として謎のままとなっている。

そして、光秀の出自についてもしかりである。光秀は、戦国時代まで美濃国（現在の岐阜県南部）に勢力を誇った土岐氏の支族明智氏の出身であるとされている。実際、岐阜県には明智という地名があり、ここが光秀の本貫地と言い伝えられているのだが、その根拠とされている史料は、「天正十年明智光秀愛宕山百韻連歌(7)」という連歌の一節である。

明智光秀は、本能寺の変の四日前の五月二十八日に愛宕山に参詣して、その西坊で連歌師の里村紹巴らとともに連歌会を催している。その時に光秀が詠んだ歌のひとつに「時は今　天が下しる　五月哉」とあるのが、「時」が「土岐」に通じ、「天が下しる」の部分が光秀の天下取りへの野望を込めたものであるとの解釈がなされている。愛宕百韻と呼ばれるこの連歌会は、光秀が愛宕山に奉納した歌が残っていたことから有名になり、後に秀吉がこの件について里村紹巴を詰問したという尾ひれまで付いていることから、光秀の出自が土岐氏であったというのは、あるいは当時から信憑性の高い話として流布していたのであろう。

この愛宕百韻については、例えば、嘉永五年(一八五二)に著された『洛西嵯峨名所案内記』に、「天正十年五月廿七日明智光秀愛宕山威徳院にて百韻の連歌を興行す。執筆ハ東六郎兵衛行澄、翌日亀山へ帰るといふ。ときハ今天か下しる五月かな」(8)との記載がみられるなど、本能寺の変にまつわる逸話として、後世広く語られるようになっていたことがうかがえる。しかし、いずれにしても光秀が土岐氏の出身であるとする説は、連歌の一節から導き出された話が根拠のひとつということで、信憑性についても、あくまで推測の域を出るものではない。

本能寺の変を起点に語られる明智光秀

光秀の生涯を知り得る優良な史料は、はからずも織田信長の家臣として働いていた時のものである。それらの史料からは、出自不明の光秀が短期間に信長の有能な家臣として出世していった様子がうかがえ、それが光秀に対するイメージ形成の一端を担ったことは想像に難くない。また、であるからこそ、明智光秀が魔王と恐れられた主君織田信長を本能寺に討ち果たすことに成功し、しかしながら、そのわずか十日ばかり後に勢力を失ってあっけなくこの世を去るという体たらくを、論理的に理解することが難しいのである。

光秀の最期は、京都南東の小栗栖の藪で、土民に竹槍で突かれるという悲劇的なものであった。あまりにも短命に終った明智光秀の覇権は「三日天下」と称され、秀吉との決戦を前に味方に誘った筒井順慶に待ちぼうけを喰らわされたことは、光秀が陣を張った場所をとって「洞が峠」という、その行動を揶揄するような言葉を生んだ。光秀の人品として今も語られる、有能な人物という世評からは、いずれもほど遠い印象を受ける言葉である。

出自から年齢に始まり、とかく不明の部分の多い明智光秀の生涯には、後世の人びとによる推測の介在する余地が多分にあった。しかも彼は、日本史上最大の謎とも言われる本能寺の変の立役者である。それ故に、現在まで語り継がれている光秀像は、いずれも「本能寺の変」という事件を起点にしている。一方は、明智光秀は主君信長を殺した悪逆非道の人物という語りであり、他方は、戦国乱世を終結へと導かんとする織田信長を支えた理知的な人物にもかかわらず、主殺しを敢行したという観点からの語りである。実に明智光秀の生涯の歴史的な検証は、巷間に流布した語りが支えてきたのである。

二　京都に残る明智光秀の最期を物語る史跡

酷評される明智光秀

江戸後期の儒者である頼山陽（一七八〇～一八三二）が著した『日本外史』には、明智光秀について「初め光秀、土岐氏の疏属を以て諸国に流寓す。遇ふ所なし。終に信長に干む。信長擢でて坂下城主となし、終に丹波を賜ふ。信長、将士を待つに礼節を設けず。嘲謔嫚罵、以て常となす。而して光秀、人となり文深、喜んで自ら修飾し、材芸を以て自ら高ぶる」(9)と記した一節がみられる。『日本外史』は当時広く読まれ、幕末維新に活躍した志士たちの教養の元ともなった書物であり、その影響は無視できない。ここに示された山陽の光秀観は、さすがに儒学を修めた者だけあって、主君を手にかけた光秀を無闇に称揚するわけではないが、織田信長を礼節を欠く人物などと評しており、明治期の小泉策太郎による光秀評にも通じる部分がみてとれる。

明智光秀に関する『日本外史』の記述は、忠孝が重んじられた江戸時代にあって、光秀の行状が決して褒めそやされるものではなかったことを表している。つまり、当時の世相としては、明智光秀の行動は追慕憧憬される対象ではなかったことになる。ところが京都には、江戸時代以来の明智光秀関連の史跡がいくつか残されている。その大半は、本能寺の変とその前後の光秀の動きにまつわるものであるが、江戸期の支配層であった武士を中心に、忌避されるかと思われた明智光秀にゆかりの史跡が、現在まで守り伝えられてきたことは興味深い。

京都に残る明智光秀関連の史跡としては、本能寺の変から山崎の合戦、そして光秀の敗死に至る一連の経過に関わるものが比較的よく知られている。特に光秀が命を落としたという小栗栖の地と、光秀の遺骸が晒された粟田口にはそれぞれ光秀の最期を物語る象徴的な場所があり、江戸時代からその記録が残されている。

光秀最期の地の記憶

山崎の合戦で秀吉と戦って敗れた光秀は、わずかな供回りを連れて近江の坂本城を目指して落ち延びてゆくが、途中、小栗栖の藪で、落ち武者狩りをしていたと思われる土地の者の竹槍に突かれて深手を負い、その生涯を終える。以後、光秀が討たれた場所は「明智藪」と呼ばれ、現在は民家の裏手になっているその付近には、昭和五十年（一九七五）に建てられた石碑があり、その石碑のそばには、平成になってから建てられた解説の石版がある。また、そこからさらに北東に一・五キロメートルほど進んだ先には明智光秀の胴を埋めたと伝えられる胴塚があって、そこにも昭和四十五年に「明智光秀之塚」と刻まれた石碑が建てられている。これらの場所は、現在も光秀ゆかりの地として

写真1－②　明智藪（京都市伏見区小栗栖小阪町付近）
明智光秀が槍で突かれて致命傷を負ったとされる場所。昭和50年（1975）に建てられた石碑などがある。

の伝承を保ちつづけている。

この明智藪に関しては、近世期の地誌類にもその記述がいくつかみられる。例えば宝永二年（一七〇五）銘の序文のある『山城名勝志』という書物には、「小栗郷」の項目に「小栗栖二村之間、深草出坂路有、土人云、天正十一年明智光秀勝龍寺城逃、坂本城赴時、此路過、此里人為害被、故明智越云」(10)との一文がみえる。本能寺の変からおよそ百二十年、年には誤記がみられるが、山崎の合戦からその滅亡まで、当時の明智光秀の動行は人びとによって語り継がれ、地誌に採録されるまでになったことがうかがえる。同書には明智藪という呼称はみられないが、光秀が山崎での敗戦の後に勝龍寺城から小栗栖を通って坂本城へと逃れようとしたことや、小栗栖で里人に害されたことが記されているほか、光秀が逃亡を図った間道が「明智越」と呼ばれている点などが知れる。

同様の記載は、天明七年（一七八七）に秋里籬島

図１―①　「南小栗栖明智光秀亡滅旧所」（『拾遺都名所図会』より）
『拾遺都名所図会』「巻之二　青龍」に掲載された挿絵。本経寺講堂へと続く石段の傍に「光秀死亡の藪」の付箋がみえる。

らによって著された『拾遺都名所図会』にも受け継がれる。同書には「小栗栖の里は石田の西にあり。このところより木幡山を越えて伏見城山に出づる道あり。これを明智越といふ。天正十一年、明智光秀山崎の合戦に敗し、江州坂本の城におもむくときこの道を逃ぐる。小栗栖の土民出でて竹の鑓をもつて害す。このゆゑに名とせり(11)」との記載があり、先述の『山城名勝志』の内容がほぼ踏襲されていることがうかがえる。『拾遺都名所図会』は京都近郊の名所旧跡についての観光案内書として広く頒布された書物の続編で、その影響は大きかった。

同書には、名所案内の文章のほか、各名所の様相を描いた挿絵がふんだんに挿入されている点が魅力なのだが、この小栗栖に関しては「南小栗栖明智光秀亡滅旧跡　檀上本経寺」と題する挿絵が入れられていることが注目される。そこには、本経寺の境内の様相とともにその一角に「光秀死亡の藪」の付箋がみえ、また挿絵の説明として「光秀が竹槍にて亡ぼされし藪は、南小栗栖法華檀林の側らにあり。この藪を伝領しける土民、災ひありとていまはこの寺へ寄附しけるとなん。惣じてこの藪の竹の色、一片は濃く、一片は薄黄にして、嶋筋のごとし。これその霊のとどまるしるしなるか(12)」といった内容の一文が添えられている。この災いなどに関する記述は『山城名勝志』にはみられないものであるが、同地が明智光秀による祟りを想起させる場所として認識されていたことは興味深い。

その後、幕末の文久三年（一八六三）頃に刊行された『花洛羽津根』には、「小栗栖里　醍醐石田の西にあり。木幡山を越て伏見城山へ出る道有。明智越と云。山崎合戦の時、光秀江州へ趣かんと此道を行に、小栗栖の土民竹鑓をもつて害せし所なりと云」[13]と『山城名勝志』や『拾遺都名所図会』の「小栗栖」に関する記述がほぼ踏襲される。そして、明治維新を迎えて武士の世が終りを告げた後、大正七年（一九一八）に館林藩主秋元家の末裔である秋元春朝によって著された『旧都巡遊記稿』という京都案内の書物には、『拾遺都名所図会』にも紹介された本経寺の説明として「南小栗栖にあり。法華宗にして久遠山と号し、其宗門の学寮なり。境内に講堂及び学寮あり。表門石階下の右方に一叢の竹篁あり。明智光秀最期の地なりと云」[14]といった記述がなされている。

明智光秀の首塚

京都における象徴的な明智光秀関係の史跡として、もうひとつ挙げられるのが、光秀の首塚である。明智光秀は小栗栖の藪で討たれた後、その首は秀吉の手に渡り、織田信長が殺害された本能寺に梟首された。その後、光秀の遺骸は、同じく斬首された光秀の重臣の斎藤利三の遺体とともに、再び胴につながれた上で京の東の粟田口に曝された。公卿の山科言経（一五四三〜一六一一）の日記である『言経卿記』には、「天正十年七月二日」の記述に「一、粟田口ニ去□日ニ、明智日向守首・ムクロ等相続、張付ニ懸了、斎藤蔵助同前也、其外首三千余、同所ニ首塚ヲ被築了」[15]と記されているが、同様の記述は吉田兼見（一五三五〜一六一〇）の『兼見卿記』にもみられることから、光秀の亡骸が粟田口に曝されたことはほぼ間違いがないものと思われる。

粟田口は、東国から京の町へと入る街道の玄関口のひとつで、おおよそ三条通白川の辺りがこれに充当する。光秀

写真１―③　明智光秀首塚（京都市東山区梅宮町付近）
光秀の遺骸が曝されたという粟田口の近くの三条通白川橋下ル東側にあり、石塔と小祠などが祀られている。元は三条通りの北側にあったが、江戸時代に現在の地に移されている。

の骸は当時の交通の要衝に曝されたわけだが、『言経卿記』の記載にもある通り、その後この場所には光秀ら関係者の塚が築かれた。そして現在、京都市東山区三条通白川橋下ル東側の民家が建ち並ぶ界隈の一角には、明智光秀首塚と呼ばれる小祠がある。光秀公と記された木額の掛かる祠と、その手前には五重の石塔一基と近代以降建てられた石碑とが立つ。この小祠は白川通から少し奥まった場所にあるが、その手前の道沿いには「東梅宮並明智光秀墳」と刻まれた弘化二年（一八四五）建立の石柱もあって、江戸時代後期には現在に等しい環境が整備されたことがうかがえる。

この光秀の塚に関しても、京都についての地誌類にいくつかの記録がみられる。例えば光秀の死後ちょうど百年の天和二年（一六八二）に刊行された、京都の儒者にして医者の黒川道祐の手による『雍州府志』という書物には「明智光秀ノ墓　下粟田谷川町民家ノ後ニ在リ」(16)とのみ記されている。『雍州府志』は京都の地誌の中では比較的古いもので、これ以降に刊行された地誌類には、明智光秀の首塚の記載がよくみられるようになる。

正徳元年(一七一一)頃の刊行である『山州名跡志』には、「明智光秀塚　三條黒谷路辻東三町許リ人家ノ後ニ在リ。光秀落命ノ後。首屍ヲ捕テ梟シ所ナリ。太閤記ニ載」[17]とみえ、宝暦十二年(一七六二)の『京町鑑』には「西小物座町此町北側人家の裏に明智日向守光秀の古墳有」[18]との記述が認められる。『京町鑑』にいう西小物座町は三条通の北側に位置した町名で、現在は同地には光秀の首塚は無いのだが、これに関しては、天明七年(一七八七)刊行の『拾遺都名所図会』に「明智光秀塚　同所、黒谷道の東、三町ばかりにあり。光秀が頭をこのところに梟けしところなり。近年明田氏といふ人、この地に住みしが、いままた白川橋三条の南へ古墳とともに遷す」[19]との記載がある。「白川橋三条の南」は現在の明智光秀の首塚の場所に合致することから、この頃に塚が移転したことがうかがえる。

明智光秀の首塚に関して、さらに踏み込んだ記載がみられるのは、寛政三年(一七九一)成立の『翁草』である。同書は京都町奉行所与力の神沢杜口(貞幹：一七一〇～一七九五)の著作で、過去の記事に加えて自身の見聞などを反映させている点が興味深い書物だが、そこには明智光秀の首塚移転の件が詳細に記述されている。

神沢杜口は「明智日向守事は世に普く知処なれば爰に略す」としつつ、「古墳洛東粟田口黒谷街道より東の方、路傍北側人家の裏に在り」として、このことが「雍州府志、山州名跡志等にも見えたり」と述べている。さらに同書では、明智光秀の首塚の状況や性格についても言及し、「庭に古木陰々として、其下に古き五輪あり、是光秀が墳なり、僅なる庭に老樹茂りて影闇く、是を伐んと欲すれども、少にても是に触る者は忽ち祟り有と古より申伝へて、聊障る者なし」[20]と述べて、先に紹介した『拾遺都名所図会』における「光秀死亡の藪」に関する記載と同様に、この場所に祟りのあることが示されている。

また『翁草』には、『拾遺都名所図会』にみられた明田氏による塚移転の話が詳述されているのだが、そこには件の人物が明智光秀の関係者である旨が語られている。これに類似する記載は、江戸時代後期に青蓮院が編纂した『華頂要略』にもある。そこには梅田町に住む能楽師笛方の明田理右衛門なる人物が、光秀の子孫を名乗り、光秀の首塚を自宅に移したことが記述されており、光秀の首塚が移転したことについて、何らかの解釈が流布していた様相がうかがわれる。

そして近代になり、郷土史家の碓井小三郎が大正四年(一九一五)に刊行した『京都坊目誌』には、梅宮町の墳墓の記事として「明智光秀ノ首塚」が登場する。そこには「梅宮町北端。四百七十二番地人家の後方にあり。維新前は。是より東上壇の地にあり其後此地に移すと云ふ。今傍に稲荷の小祠あり。其下に墓標ノ石塔高三尺許のもの一基あり。光秀首級を埋むと云ふ。正史伝はらず。土俗首より下の病あるもの。此墓に祈れば験ありと云へり(21)」と記され、光秀の首塚が移転したこととともに、その霊験までもが語られるに至っている。

光秀の史跡をめぐる記述の変遷

明智藪や光秀の首塚など、明智光秀滅亡に関する史跡の記憶は、地誌などへの記載を通じて近代から現代まで受け継がれてきた。それは、史跡を有する地元での語りを吸収しつつ、相応の解釈を付与されながら人びとの間に伝承されてきたものであった。明智藪についての『拾遺都名所図会』の記載の中にある、災いを恐れた藪の持ち主が地所を寺へ寄附をした話や笹の葉の異常の話などは、その典型であろう。

地誌の記載は、基本的に著作者が従前の記録に眼を通した上で、情報を付加させてゆくかたちでこれを行っていることが、明智光秀の首塚に関する一連の記述からもうかがえる。江戸時代前期の『雍州府志』のやや淡白な記述以降、『山州名跡志』では『太閤記』を参照したことが示され、江戸時代中頃に刊行された『京町鑑』や『拾遺都名所図会』では、墓の移転についての経緯が採取されるなど記載内容が次第に付与されている。

そして『翁草』には、『雍州府志』や『山州名跡志』を参照したことが明記されているほか、光秀の首塚の移転にまつわる風聞がより豊かに記述されるようになっている。同書には、一方で光秀の首塚が昔から祟りを恐れてさわる者が無かったとするにもかかわらず、他方、明田なる人物が光秀の子孫としてこれを移転させたことが述べられており、この点は興味深いが、これが近代になって著された『京都坊目誌』では「首より下の病あるもの。此墓に祈れば験あり」と、光秀の祟りへの畏怖ではなく、参拝に対する御利益の伝承が伴われていることを記録しているあたりが面白い。明智藪や光秀の首塚に関する京都の地誌などへの書き込みの様相をみる限り、単なる歴史的事象の記載からより情感豊かな内容へと、その傾向は時代を経るごとに民間の風聞を加えながら変化を遂げている。

写真１−④　西教寺明智光秀一族墓（滋賀県大津市坂本）

西教寺は聖徳太子の創建と伝える天台真盛宗の総本山。織田信長による比叡山焼き討ちで焼失し、後に坂本城主となった明智光秀によって再建された。

黒川道祐が京都の年中行事をまとめた『日次紀事』には、六月十三日に「明智日向守光秀忌」のあることが記されている。そこには「南禅寺并ニ五山及ヒ大徳寺妙心寺等ニ祠堂料ヲ寄ス。下粟田口ニ塔有リ。東坂本西教寺ハ明智光秀之ヲ再興ス。又此ノ地ニモ又塔并ニ牌有リ。此ノ人其ノ終ヲヨクセザルニ依テヒソカニ之ヲ建ツ。故ニ処々寺院ノ牌面其ノ号各々異ナリ」[22]とあって、明智光秀供養のための位牌がいくつかの寺院に密かに祀られており、ただその位牌の名号は、光秀謀反の所業をはばかってさまざまな名に偽装されていることがみえる。『日次紀事』が成立したのは延宝四年（一六七六）頃と比較的古いことから、光秀の死からそう年月が経たぬうちから、その霊を祀ることは京都市中およびその近郊の寺々で行われていたようである。ちなみに、先に示した『京都坊目誌』には、「上京第二十四学区之部」に「浄光寺　瓦町西側十三番戸にあり。真宗本派本願寺に属す（中略）諸国奇遊談に此寺に子細ありて。明智光秀の位牌を安し之を吊ふと。今住僧に問ふも不知と言へり。元治元年に焚けたるか」[23]といった記載もみえることから、明智光秀の慰霊は京都の寺院で江戸時代を通じて継続されてきた可能性がうかがえる。

三　光秀の善政の記憶と神になる光秀

光秀による地子免除の記憶

京都における明智光秀にまつわる史話は、光秀が討たれた場所や亡骸を埋葬したとされる塚など、光秀の最期を語る史跡に刻まれて現在まで受け継がれた。そこには、現実にその場所で死した者への畏怖の念が込められた伝承が、時代とともに付与されていった。またそれとは別に、無念の思いを残して死んだ光秀の菩提を弔うという、供養の観念も京都の寺院などに受け継がれた。武家による治世が行われた江戸時代、特に儒教的道徳が尊ばれた中にあって、主君を討った謀反人明智光秀の伝承が、民間に残されたことは興味深い。そして、光秀と庶民との関係性という点では、京都には明智光秀による地子免除の事績が長く伝えられていたということが特筆される。

天正十年(一五八二)六月二日、本能寺に織田信長を討った明智光秀は、混乱の収拾をはかるため京都市中に対してさまざまな施策を行う。この時に光秀は、朝廷や公家や寺社へは金品を献納し、また洛中の地子を免除したのである。このことは『増補筒井家記』や『義残後覚』、『細川忠興軍功記』などいくつかの史料に散見される。『細川忠興軍功記』には、「光秀公は具足乍召。御参内被成。扨洛中之地子被成御免。高札御立被成候事」(24)とあって、光秀による地子免除が広く触れ回られたことがうかがえる。地子とは、いわゆる土地代のことで、当時洛中に住まう人びとの大半は、貴族や寺社などから土地を借りて家屋を建てていたので、これが免除されることは大きな喜びであった。後世秀吉や家康も洛中の地子を免除し、収入を失う権門寺社に対しては洛外に代替地を与え、実質的に地子を肩代わりするよう取り計らっている。

光秀の地子免除施策の実情は、彼の覇権がきわめて短命で終ってしまったためによく判っていないのだが、洛中の人びとには強い印象を残したようである。『京町鑑』には、「洛中地子銭免許」との立項があり、そこには次のような記述がある。

人皇百七代正親町院御宇永禄年中迄は地子銭納めたり。又免除有たり定まらず。時に天正十年六月、明智日向守光秀上京下京地子を永代赦免せられき。又天正十九年豊臣秀吉公上京下京屋敷地子御免。此時は数少く古町斗也。其外は畑にて地子銭出たり。其後次第に町連続せり。又元和三年下京畠地子御免遊ばされて、段々町家建つづきたり。又寛永十一年に洛外の町家の地子御免あり。右洛中残らず地子御免遊ばされたり。年を積日を追て洛中洛外繁栄す。(25)

ここには、京都の町の発展がひとえに地子免除によって達成されたかのような表現がなされている。そしてその先鞭をつけたのが明智光秀であり、以後豊臣秀吉から徳川政権へと地子免除の方針が受け継がれ、その適用範囲が拡げられてきたことが記されている。同様の記載はほかにもあり、例えば文化年間(一八〇四～一八)頃成立の『洛水一滴抄』には、「雑色知行御朱印并祇園地之御納之事」として「一、雑色知行之事ハ、往古ハ京洛中地子銭下被つる所、明智日向守様洛中之地子銭御免許之趣、秀吉公従替地と為西院村に於高七拾石下被候、其後善徳院様御代に所々に而八十石増地下被候事(26)」なる記載がみられ、祇園の地に関する地子徴収について代替地が宛がわれていることなどとともに、ここでも地子免除を実施した最初の人物として明智光秀の名が挙げられている。

この地子免除の件は明智光秀の事績としてよく知られていたことであるらしく、館林藩士岡谷繁実(一八三五～一九一九)が幕末に著した『名将言行録』の明智光秀の項にも収録されている。そこには「既に信長を弑し、三宅式部大輔秀朝を京都の守護職と為し、京中の地子銭を免し、仕置を正くせり。光秀亡て後、七月盆中、戸毎に燈を点じて、光秀の冥福を祈りしとぞ。非義の義と雖も、其人心を得ること斯の如し(27)」と記されており、光秀が京都発展の一翼を担った人物として、盆に燈明を捧げるなど、人びとの追慕の対象であったことをうかがわせる記事が掲載されている。

神として祀られる光秀

地子免除という観点から明智光秀の事績をみた場合、京都府福知山市内に鎮座する御霊神社の在り方が一つの示唆を与えてくれる。この御霊神社は、明智光秀を祭神として祀っており、明智光秀を主祭神とする神社は全国でもおそらくこの社だけである。現在の御霊神社は、福知山市街地の旧城下町、御霊公園の一角にある。江戸時代後期に書き起こされた『丹波志』には、御霊神社について次のような記述がなされている。

明智光秀天正年中当城ヲ領、其時地資ヲ免ス。町高七百三十四石九舛ハ木村南岡村堀村ニ交テ所々ニ在。城主代々挙尓リ依之光秀ノ霊ヲ祭。古ヨリ小村有当町度々大災有リシニ、願望ノ訳アツテ寛保ノ比ヨリ八月十八日小

写真１−⑤　御霊神社（京都府福知山市中ノ）
明智光秀を祭神として祀る神社。現在の社殿は大正５年（1916）の道路拡幅工事に伴い移築されたもの。

年者相撲ヲ興行ス。前夜ハ提灯其外作リ物等ヲ出甚花麗ナリ。御霊参リト唱ヘ群集ス。(28)

社伝によれば、同社は元は宇賀御霊神を祀る祠であったが、元禄年間（一六八八〜一七〇四）に福知山城下はたびたび災害に見舞われ、これを明智光秀の祟りと恐れた人びとが、宝永二年（一七〇五）に、当時の福知山藩主朽木稙昌（一六四三〜一七一四）に願い出て明智光秀を御霊神社の祭神として祀り、その霊を慰めたのであるという。

明智光秀は、織田信長の命を受けて天正三年（一五七五）から今の福知山市域などのある丹波国攻略の任にあたっている。光秀はおよそ四年間をかけて丹波平定に努め、土豪の波多野氏や赤井氏と激しい戦いを繰り広げている。そして、丹波平定後は信長から丹波国と亀山城（京都府亀岡市）を与えられ、福知山にはより堅牢な城郭を整備して城代を置いた。そうした関係から、旧丹波国域には光秀の足跡が多く残されており、今も光秀に対する思慕の念が強い地域である。

御霊神社は、その名が示す通り丹波の地に思いを残して亡くなった明智光秀の霊を慰めるために祀られたのであるが、『丹波志』の記載にも見られる通り、それに加えて光秀による地子免除の善政が由緒の中に語られている。災いをなす怨霊としての光秀と、善政を敷いた民を慈しむ光秀。福知山の御霊神社には、その二つの光秀観が融合している。それは、京都洛中における光秀に対する民間伝承の変遷にもなぞらえられる。後世の明智光秀の人物観形成に、これらは少なからず寄与したものと思われる。

おわりに

物語化される明智光秀の事績

本能寺の変という歴史事件を主軸として説き起こされた明智光秀の人物像は、主君に仇為す謀反人として、儒教的道徳観が支配する武家層では否定的に捉えられる一方で、織田信長という強烈な個性を放った武将に対峙しつつ数々の施策を実行した人物として、一定の位置を与えられていた。そして、明智藪や光秀首塚など本能寺の変にまつわる光秀ゆかりの史跡からは、無念の思いを残して死んだ明智光秀の怨念を意識した伝承が立ち上がり、しかし、光秀が実施し庶民にもたらした地子免除という恩典は、都の発展の礎として長く語り継がれることとなった。後世語られる明智光秀の人物像に善悪の二面が同居する背景には、こうした経緯がひとつ関係しているものと思われる。

このように、揺らぎを持つ明智光秀という武将の人物像に、ある程度の具体性を持たせたのが、歌舞伎の物語に描かれた光秀である。歌舞伎の中での光秀は、信長と秀吉という強烈な個性に挟まれながら苦悶する普通の人として描かれている。明智光秀がモデルと思しき人物が登場する歌舞伎の演目としては、『絵本太功記』と『時桔梗出世請状』が著名であるが、このうち『絵本太功記』は、小田春永（織田信長）から度重なる辱めを受けた武智光秀（明智光秀）が、春永を討ち果たしてから真柴久吉（羽柴秀吉）に敗れるまでの、いわゆる明智の三日天下を下敷きとした演目である。『絵本太功記』は、豊臣秀吉の天下取りの物語としてよく知られているが、実は光秀が全体を通して物語の中心となっており、特に十段目の「尼ヶ崎の場」は名作とされ、現代まで幾度となく上演されている。

また『時桔梗出世請状』には、同じく武智光秀と小田春永らが登場するが、春永による光秀に対する陰湿ないじめの場面が出色で、殊に二段目の「馬盥の場」は、光秀が春永からの愚弄に必死で耐える様が観る者の心を打つ物語である。『時桔梗出世請状』は『今時也桔梗旗揚』とも称されるが、この演目の外題は、明智光秀軍の旗印である水色桔梗と、光秀が本能寺への討ち入り前に愛宕山で詠んだ「時は今　天が下しる　五月哉」の語呂から採ったもので、当時からこの逸話が有名であったことをうかがわせる。

『絵本太功記』と『時桔梗出世請状』はいずれも江戸時代から評判をとった演目で、近代以降も舞台にかけられることは多い。二つの演目は、いずれも歴史を題材にした時代物であるが、両作ともに光秀が謀反を起こすに至る心情が深く掘り下げて描かれているのが特徴である。観る者はお芝居と知りながらも光秀に感情移入し、ここに、武智光秀は明智光秀と同化して、謎に包まれた本能寺の変の真相を、美しい物語として感得してゆくことになる。

市川団蔵の当り役「明智光秀」

本能寺の変をめぐる物語が歌舞伎に仕立てられ評判になったことで、明智光秀に対するより具体的な像が広く人びとに提供されることとなった。明智光秀の人物像は、ここにひとつの定点を得たのである。そのことの一端を示すも

写真１-⑥　明智光秀供養石碑（京都市東山区梅宮町付近）
ａ（左）表面　ｂ（右）裏面

明治36年（1903）に歌舞伎役者の七代目市川団蔵によって明智光秀首塚の傍らに建てられた光秀の供養碑。表には光秀の戒名、裏面には建立年と市川団蔵の名が刻まれている。

のが、光秀ゆかりの地に残されている。

先に紹介した、京都東山区三条通白川橋端の明智光秀の首塚とされる石塔の傍には、明治三十六年（一九〇三）四月の年号が刻まれた一基の石碑が建てられている。碑の表には「長存寺殿明窓玄智大禅定門」との戒名が記されているが、これは明智光秀の出身地として位置付けられている美濃国可児郡（現岐阜県可児市）の明智城址の麓に建つ天竜寺に祀られている明智光秀の位牌の戒名と同じ文言である。そして、石碑の建立者として「市川団蔵」の名がみえる。この市川団蔵こそが、歌舞伎の舞台で光秀を演じ人びとから大いに喝采を浴びた人物なのである。

石碑に刻まれた年号から、明治三十六年当時に市川団蔵を名乗っていたのは七代目ということになる。七代目市川団蔵は、天保七年（一八三六）の生まれで、同十年に二代目市川九蔵の養子となって市川銀蔵を名乗ったのを皮切りに、弘化四年（一八四七）には二代目市川白蔵を襲名、安政元年（一八五四）には三代目市川九蔵を襲名し、江戸と上方の両方で数々の舞台に立っている。七代目市川団蔵を襲名するのは明治三十年のことである。

団蔵独特の凄みのある芝居は「団蔵型」などとも賞され、観客の人気を博したが、一方で当時の人気役者九代目市川団十郎と対立するなど波乱の役者人生を歩んだ人物でもあった。その団蔵の当り役の一つが『時桔梗出世請状』などの光秀だったのである。歌舞伎劇場の経営者であった田村成義（一八五一～一九二〇）が著した『続々歌舞伎年代記』には、団蔵の芝居についての批評などが記されているが、例えば明治二十三年一月の寿座の公演については「九蔵（団蔵）久々に出勤して、光秀の眉間割より尼ケ崎迄を演じ希なる大入なりき。九蔵、光秀にて饗応の場、大紋立烏帽子にて二重の正面より出た処立派なり」と述べて、その迫力ある舞台を褒めそやしている。田村は団蔵の光秀を「先づ当今の光秀なり(29)」と激賞しており、その当り役ぶりがうかがえる。

七代目市川団蔵が、光秀の戒名を刻んだ石碑を京都の光秀の首塚の一角に建てた経緯は明らかではない。しかし、団蔵が演じた光秀は、歴史上の人物である明智光秀として人びとに受け入れられ同化し、その物語は結実したのである。

郷土の英雄としての明智光秀

そして現代、「明智光秀」は地域振興のための有力な観光資源として位置付けられている。先に述べた福知山市の御霊神社周辺では、毎年十月に催される例大祭に合わせて「丹波光秀ききょうまつり」が開催されている。また、光秀が居城とした亀山城がある京都府亀岡市では、昭和四十八年（一九七三）から毎年「光秀祭」（現在は亀岡光秀まつり）が催され、武者行列などが町中を練り歩く。

平成二十三年(二〇一一)には、福知山市や亀岡市のほか、長岡京市や大山崎町など、明智光秀にゆかりの十一の自治体や観光関係の団体などが「NHK大河ドラマ誘致推進協議会」を発足させた。協議会の趣意書には「戦国一の知将・明智光秀は、日本の歴史上最大の下剋上といわれる本能寺の変で織田信長を討ったことであまりに有名ですが、自らが治めた亀山城(亀岡市)、福知山城(福知山市)では、治水事業や城下の地税免除等の良政を行い、領民から慕われた名君であり、生涯側室を取ることのなかった愛妻家でもありました」との文章で光秀の生涯が修飾される。

明智光秀という歴史上実在した人物の評価は、本能寺の変という史上きわめて稀なる劇的な政変の解釈をめぐって揺れつづけた。善か悪か、能吏であり主君殺しで、恨みを残して死んだ怨霊か、あるいは善政を敷いた慈悲深い庶民の味方か、そこには人びとが想像を巡らせ思いを寄せ得る余地が充分にあった。そして、その揺れを光秀自身の心の葛藤として咀嚼させることで、光秀の事績は悲劇の物語となって私たちに獲得されるに至ったのである。

註

(1) 江馬務『日本歳事史・京都之部』(一九二二年　内外出版)二三六頁参照。
(2) 『伊水温故』(一九八三年　上野市古文献刊行会)二頁参照。
(3) 小泉策太郎『明智光秀』(一八九七年　裳華書房)一四五頁参照。
(4) 桑田忠親『明智光秀』(一九八三年　講談社)二四二頁参照。
(5) 二木謙一校註『明智軍記』(一九九五年　新人物往来社)三一七頁参照。
(6) 高柳光寿『明智光秀』(一九五八年　吉川弘文館)一八頁参照。
(7) 『続群書類従』第十七輯上　和歌部連歌部(一九二四年　続群書類従完成会)五九六頁所収。

（8）『洛西嵯峨名所案内記』（『新撰京都叢書』一　一九八五年　臨川書店）三二三頁参照。
（9）頼山陽『日本外史』二（一九六九年　岩波書店）三七〇頁参照。
（10）『山州名勝志』（『新修京都叢書』十四　一九九四年　臨川書店）三八四頁参照。
（11）『新訂　都名所図会　三』（一九九九年　筑摩書房）九五～九六頁参照。
（12）『新訂　都名所図会　四』（一九九九年　筑摩書房）二七〇～二七一頁参照。
（13）『花洛羽津根』（『新撰京都叢書』二　一九八六年　臨川書店）三三九頁参照。
（14）『旧都巡遊記稿　近郊之部一』（『新撰京都叢書』四　一九八五年　臨川書店）三九〇頁参照。
（15）『大日本古記録　言経卿記』一（一九五九年　岩波書店）二八五～二八六頁参照。
（16）『雍州府志』（『新修京都叢書』一〇　一九九四年　臨川書店）七二六～七二七頁参照。
（17）『山州名跡志』（『新修京都叢書』一五　一九九四年　臨川書店）九八頁参照。
（18）『京町鑑』（『新修京都叢書』三　一九九四年　臨川書店）二六八頁参照。
（19）『拾遺都名所図会』（『新修京都叢書』七　一九九四年　臨川書店）二三八頁参照。
（20）『翁草』（『日本随筆大成』〈第三期〉二〇　一九七八年　吉川弘文館）四五頁参照。
（21）『京都坊目誌　下京第八学区之部』（『新修京都叢書』二〇　一九九五年　臨川書店）一八四頁参照。
（22）大阪女子大学近世文学研究会編『日次紀事』（一九八二年　前田書店）二四八頁参照。
（23）『京都坊目誌　上京第二十四学区之部』（『新修京都叢書』一九　一九九五年　臨川書店）二三二頁参照。
（24）『細川忠興軍功記』（『続群書類従』第弐拾輯下　一九二三年　続群書類従完成会）三九七頁。
（25）『京町鑑』（『新修京都叢書』三　一九九四年　臨川書店）一六一頁参照。
（26）『洛水一滴抄』（『新撰京都叢書』一　一九八五年　臨川書店）二九二～二九三頁参照。

(27)『定本名将言行録　上』(一九七八年　新人物往来社)四二八頁参照。
(28)『丹波志』(一九七四年　名著出版)一七六頁参照。
(29)『七世市川団蔵』(一九六六年　求龍堂)一〇一～一〇二頁参照。

第二章　豊臣秀吉―神になった戦国武将の没落と復活―

はじめに

長浜・豊国神社の十日戎

滋賀県長浜市南呉服町に鎮座する豊国神社では、毎年一月九日から十一日までの三日間、十日戎が盛大に催され、多くの参拝客でにぎわう。神社近くの街路には幟や提灯が立てられ、神社の境内には福笹や熊手などの縁起物を売る店がいくつも設けられる。にぎやかなえびす囃子が奏でられる中、各地から人びとが訪れて福笹を買い求め、餅まきなどに興じる。

十日の本えびすには宝恵駕籠の巡行が行われ、福娘に選ばれた晴れ着姿の娘たちを乗せた宝恵駕籠が、市長扮する恵比寿さんの乗った鯛車らとともに地元の商店街などを練り歩く。かつて宝恵駕籠には「芸豊連」と呼ばれた長浜の町の芸妓たちが乗っていたのだといい、雪の季節に繰り広げられる艶やかな祭礼行列の風情は、古くから続く長浜の町の歴史の奥深さの一端を伝えてくれる。

もともと豊国神社では、毎年の正月と十月のそれぞれ二十日にえびす祭りが催されていた。それが明治三十一年（一八九八）に京都で行われた豊太閤三百年祭を契機として、一月と十一月に開催月が変わり、その後は、特に十一月

写真２−①　豊国神社（滋賀県長浜市南呉服町）
豊臣秀吉を祀る神社で、江戸時代は蛭子神社もしくは西宮と呼ばれていたが、大正９年(1920)から現在の社名となった。長浜恵比須宮が相殿となっている。

二十日のえびす祭りが長浜の町場の年中行事の最後を飾るものとしてにぎわうようになり、商店街では「えびす講」と称して大売出しが行われた。昭和時代の長浜の町のえびす講は、周辺地域一円から人びとが大挙して繰り出し、年越しの買い物で大変な盛況であった。ところが二月のえびす祭りは、雪に覆われた寒い時期でもあり、人出も少なく寂しいものであった。しかし、昭和初期に全国各地で催されている十日戎に合わせて祭日が一月十日に変更されると、祭りも徐々に賑わいを取り戻すようになり、昭和四十一年（一九六六）には商店街が中心となって、宝恵駕籠行列など祭礼の様相をととのえ、現在のような活況を呈するようになった。

蛭子神社から豊国神社への変遷

十日戎は、京都や大阪など各地で催されている今も人気の行事であるが、祭祀の対象となるのは、大体「えべっさん」こと戎（ゑびす）神であるものと決まっている。
しかし長浜の場合は、豊臣秀吉を祀る豊国神社で十日戎が催される。長浜の豊国神社には恵比須宮が相殿となっているというのがその理由だが、そうした状況が生まれた背景には、長浜独特の少し複雑な歴史的経緯がある。

実は、豊国神社という社号は大正九年(一九二〇)から称されたもので、それ以前、同社は「豊(みのり)神社」という名前で呼ばれていた。しかもその豊神社という名前も明治維新以降の称号で、江戸時代には同社は「蛭子神社」として崇拝されていたのである。では、蛭子神社が何故豊国神社となったのか。この蛭子神社創設の経緯について、地元には次のような伝承が語り継がれている。

そもそも長浜の町は、羽柴秀吉(後の豊臣秀吉)が長浜城を築城した際に一緒に建設したいわゆる城下町がその端緒であった。当時、長浜の城下町に集まりそこに暮らした人びとは、秀吉が立身出世を遂げて長浜を離れ天下人となってからも、自分たちの生活基盤の礎をつくってくれた秀吉に対して深い敬愛の念を持ってきたという。しかし、江戸時代になり徳川氏の統べる世の中では、秀吉や豊臣家のことを表立って崇拝することはさすがにはばかられた。そこで、長浜の人びとは思案をめぐらし、寛政四年(一七九二)十一月に、長浜八幡宮の御旅所の一角に祠堂を建立して、翌年には長浜八幡宮にあった蛭子神をここに遷して蛭子社を勧請した。実はその蛭子社は表向きの神様で、その奥には密かに太閤秀吉が祀られていた。つまり長浜の町衆は、徳川の天下になってからも、表面上は蛭子社にお参りするという体裁をとりながら、実は奥にいらっしゃる秀吉さんに手を合わせるという方法を考えついたのである。

その後、徳川の世が終り明治維新を迎えると、長浜の人びとも太閤秀吉への崇敬の念を隠す必要がなくなり、そして蛭子社は豊国神社となった。しかし、長年祀ってきた蛭子神への信心もそのまま伝えられ、現在のように豊国神社でもえびす祭りが催される状況が出来上がった。これが長浜に伝えられる豊国神社をめぐる語りの概要である。

図２－①　木下藤吉郎秀吉像（『絵本太閤記』より）
『絵本太閤記』は、秀吉の二百回忌にあたる寛政９年（1797）から５年の歳月をかけて全７編84巻が刊行された。文は竹内確斎が著し、挿絵は浮世絵師の岡田玉山が手掛けた。

日本人が好む「太閤秀吉」の物語

長浜に伝わる豊国神社にまつわる語りからは、長浜の人びとの太閤秀吉に対する敬慕の念の深さが感じられる。その心持ちは江戸時代を通じて変わることなく受け継がれてきたのであり、その象徴が豊国神社なのである。この長浜の町がもつ太閤秀吉をめぐる物語は、人びとの間に受け継がれ語り継がれた伝承と、豊国神社という具体的な祭祀対象の創建によって、より強固に継承されてきた。長浜と秀吉との関係性は、この両者の結合によってさらなる展開をみせることになる。

豊臣秀吉（一五三六？～一五九八）は、日本の歴史上もっとも有名な武将の一人である。一介の草履取りから天下人にまでのぼりつめた、その奇跡のような生涯は、わが国でも稀有のサクセスストーリーとして多くの人びとから支持されてきた。彼の事績についての語りは常に華やかに彩られていて、その物語は『太閤記』や『絵本太功記』など、出版物や芝居として広く大衆に喧伝された。それ故に、豊臣秀吉の足跡にまつわる伝承文化は、その物語を補完する素材として全国各地で発掘され、語り継がれてきた。長浜における豊臣秀吉の伝承もまた、秀吉の物語との関わりの中で培われたもののひとつなのだが、これが現在まで受け継がれてきた背景には、内的外的のさまざまな要因の影響があったことを認識しておく必要がある。

そこで本章では、まず秀吉が神として祀られるようになった経緯とその結果、そしてその後の歴史的展開について、秀吉を豊国大明神という神として祀った、京都にある豊国神社の栄枯盛衰と、その背景にある豊臣秀吉という歴史上の人物をめぐる人びとの感情の変遷についてみてゆく。そして、秀吉の神格化の展開をめぐる動きを、大衆の側の見地も加味させながら概観し、そこから再度長浜における秀吉信仰の位置を検証することで、「英雄・秀吉」の語りを構成する人びとの心意に迫りたい。

一　神になった秀吉と豊国神社の栄枯盛衰

豊臣秀吉の死と豊国神社の創建

豊国神社は豊臣秀吉を神として祀る神社で、その本社は現在京都市東山区にある。豊国神社の鎮座する一帯には、かつて秀吉が大仏を建立した方広寺があり、さらに東の阿弥陀ヶ峰の山上には、秀吉の墓である豊国廟が祀られている。豊臣家の神域として桃山時代から整備されてきたこの付近は、徳川の世になってからは顧みられることもなくなり、次第に荒廃が進んだ。ところが、明治維新を迎えると再度脚光を浴び、豊国廟は復興され、豊国神社にもまた社殿が建設された。時代の波に翻弄され、数奇な運命をたどった豊国神社には、その時々の世の中の在り方如何によって評価が変転する、歴史上の人物をめぐる物語の一例が凝縮されている。

京都の地に初めて豊国神社が創建されたのは、慶長四年(一五九九)のことである。太閤秀吉は慶長三年八月十八日に六十二歳で亡くなるが、その死はしばらくの間秘匿され、遺体は伏見城内に安置されつづけた。秀吉の死去は翌慶

写真２−②　豊国廟（京都市東山区・阿弥陀ヶ峰）
江戸時代に荒廃した豊国廟は、蜂須賀小六後裔の蜂須賀茂韶侯爵と黒田官兵衛後裔の黒田長成侯爵らが発起人となり、豊臣秀吉没後三百年大祭に合わせて明治31年（1898）に竣工した。

長四年一月になってようやく公表され、同年四月に秀吉の遺体は現在の京都市東山区にある阿弥陀ヶ峰に移され、これを御神体として神殿へと安置する遷宮式が、四月十六日の仮殿遷宮から順次執り行われてゆく。翌四月十七日には後陽成天皇から宣命使が派遣され、このときに「豊国大明神」の神号が贈られた。そして四月十八日には正遷宮が行われ、十九日には豊国大明神に神位正一位が授けられている。この日には徳川家康や毛利輝元ら諸大名が社参し、豊国神社は、こうして正式に起立することとなった。

秀吉の神号は「新八幡」だった

ところで、当初この豊国神社には、既に文禄二年（一五九三）に上棟が行われていた方広寺と大仏の鎮守としての性格が期待されていたとの見方がある。神社建設の計画は秀吉の存命中から持ち上がっていたといい、ただしその名は

「新八幡」と仮に呼称されていた。秀吉は、死後は自身を八幡神として祀ることを遺言していたことが、いくつかの史料から知られているが、朝廷からは新八幡の神号での勅許は得られず、日本の総名である「豊葦原中津国」に由来するという豊国大明神が、神号として選ばれたのである。

このことについて北川央は「豊国社は、その名のとおり豊臣政権の国家神として君臨すること[1]」を意図されていたとして、政権の安寧を祈念する神としての役割が期待されたものとの見解を示しているが、これに関して河内将芳は、豊国大明神の神号が贈られた際の宣命文に注目し、そこに記された「振兵威於異域之外」つまり日本国外（朝鮮半島）にまで軍勢を出して戦ったという文言に着目し、豊国大明神が海外にまで及んだ秀吉の武威を讃える神号であった可能性を指摘する。河内はまた、神号が大仏鎮守のための新八幡から豊国大明神に変更されたことで、豊国大明神が大仏と切り離されて諸国へと勧請されてゆくようになり、それは「神となった秀吉と大仏とのあいだの関係が希薄になってしまったことを意味するが、それは同時に、大仏という既存の宗教施設を媒介とせず権力者がそのまま神として祝われるようになったことも意味しよう[2]」とも述べている。

そして、豊国神社の成立に伴い、その勧請と分祀が当時各地で行われたようで、北川は、加藤清正による豊国大明神の自領肥後熊本への勧請の動きなど、確認できる全国二〇社の分祀の様相について分析を加えている。

豊国神社臨時祭礼の栄華

創建当初の豊国神社には、天下人豊臣秀吉の遺徳をしのぶ絢爛豪華な社殿が連なっていた。諸人は豊国大明神を崇敬し、その庇護による天下の静謐を願い、あるいは各地への分祀が行われた。豊国神社創建の翌年の慶長五年（一六〇〇）には関ヶ原合戦が起こり、世情は再び混乱の兆しをみせはじめるが、それでもその後、慶長二十年（元和元年・

の筆。左隻には方広寺大仏殿の前で繰り広げられた風流踊りの群舞の様子が描かれている。

一六一五）の大坂夏の陣による豊臣家滅亡までの十五年間、天下は安泰であった。そしてこの間、豊国神社や方広寺には新たな建物が次々に普請され、祭礼や法会も頻々と執り行われた。殊に慶長九年に、秀吉の七回忌に合わせて催された豊国神社臨時祭礼は、馬揃えや社頭での田楽に猿楽、神楽の奉納など、秀吉の命日にあたる八月十八日を挟んで数日にわたって催事が繰り広げられた。特に八月十五日には、京の町衆が大挙して繰り出して神前で風流踊りに興じ、そのにぎやかな様子は、豊国神社が所蔵する「豊国祭礼図屏風」などにも描かれ、盛況ぶりを今に伝えている。ちなみにこの屏風は、

写真2-③　「豊国祭礼図屛風」(豊国神社蔵)左隻
豊臣秀頼が片桐且元に命じて慶長11年(1606)に奉納したとされる六曲一双の屛風で狩野内膳重要文化財。

豊臣秀頼が家臣の片桐且元に命じて、狩野派の絵師狩野内膳(一五七〇～一六一六)に描かせたと伝わるもので、内膳は慶長十一年にこれを完成させたという。

しかし、大坂城の落城と豊臣家の滅亡によって状況は一変する。元和元年の豊臣家滅亡から時を置かずして、徳川家康は政治顧問格の金地院崇伝と天海の二人の僧に、豊国神社破却の是非について諮っており、まず同社を方広寺大仏殿の回廊の裏手に移して大仏鎮守のための神とし、社宝や什物などを智積院や高台寺や妙法院などに移送した。そして豊国神社の破却はせぬものの、内陣の扉を閉ざして釘が打ちつけられ、以後はただ朽ちるに任せるといった処置がとられた。それとともに豊国大明神の神号は剥奪され、秀吉には、神ではなく「国泰院雲山俊龍」という仏式の戒名が与えられたのである。

荒廃する豊国神社

この後、徳川家による幕府の体制が確立してゆく中で、豊国神社が人びとに顧みられることは次第に無くなっていった。儒者で医師の黒川道祐(?〜一六九一)が延宝四年(一六七六)頃に著した『日次紀事』には、八月十八日の項に「国泰院雲山俊龍忌」として「豊臣太閤秀吉公也、慶長三年今日伏見城ニ於テ薨ス。豊国大明神ト諡ル、高台寺方丈ニ之ヲ修ス、雕像有リ(3)」との一文がみえる。同じく黒川道祐が貞享三年(一六八六)に著した『雍州府志』には、「国泰院俊山雲龍の塔」について「東山、方広寺大仏殿の南にあり。豊臣秀吉公なり。慶長年中に豊国大明神の神位を貶して、改めて国泰院と号す。塔をこの処に築く。しかれども、実は鳥戸山の上にあり(4)」と記され、「豊国祭礼図屏風」に描かれた、かつて都の人びとが群舞した臨時祭礼の時のようなにぎわいは、もはや見る影もなくなっていたことがうかがわれる。

かつて壮麗を誇った豊国神社の社殿もまたしかりであった。仮名草子作者で怪奇物語作家の祖としても有名な浅井了以(一六一二〜一六九一)は、延宝五年(一六七七)に著した京都の名所記『出来斎京土産』の中で、荒廃する豊国大明神の様子について「(前略)時世うつりあらたまりて。あれにつき。神官祝部みなちりちりに別れうせ月ならではともしびをかかぐる人もなく。霧ならでは香をたくものもなし。松の風神楽を奏し。冬の雪御幣をかくる。桜はみる人もなき築地のもとにくちたをれ兎はしげりたる草むらにかくれ梟の声物すごく狐のふしどすさまじく。鳥井楼門まで跡かたなく。わづかにいしずへのみ残りける。たれかあはれをもよをさざらむ(5)」と紹介している。

豊国神社の惨状については、歌人の北村季吟（一六二五〜一七〇五）が選者となってまとめ、貞享元年（一六八四）頃に刊行された『菟藝泥赴』でも触れられている。同書には「大仏の東阿弥陀峰の麓豊臣太閤の神廟也。山上におさめ申せし古廟別にあり。社壇の彫刻廻廊楼門めも耀やけり。桜花散乱の頃都人春遊の所なりし。此頃は楼門たふれふし社頭くちかたふきて花にも涙をそそぎつべし」[6]とみえ、豊国神社は江戸時代前期には既に相当に荒廃が進み、当時の文化人たちを密かに嘆かせていたことがうかがえる。

二　復活する豊国神社と再び神となった豊臣秀吉

豊国神社復活への道と熱狂する市民

江戸時代、徳川の世にあって荒廃が進んだ豊国神社であったが、徳川幕府が倒れ明治維新を迎えると、王政復古の潮流の中で、太閤秀吉の復権とともに豊国神社は再度脚光を浴びることとなる。

慶応四年（一八六八）の鳥羽伏見の戦いの後、明治天皇は豊臣秀吉の勲功を表彰する御沙汰書を下す。同年八月には早くも豊国神社の再建が決定され、新日吉神社の一部が仮拝殿に充てられる。明治二十八年（一八九五）に京都参事会が編纂した『京華要誌』には「今上陛下登極のはしめ、公の偉勲を追録したまひ、明治元年八月十八日、神祇官をして豊国山の古墳を祭らせたまひ、祠宇再興の命あり。爾後、毎年神祇官或は地方官より祭典を執行」[7]とある。豊国神社の復活が明治維新と同時に諮られたことは、これが新政府と徳川幕府との対決の最中に決せられた政治色の濃い要件であったことをうかがわせる。

その後、明治六年八月十八日に豊国神社は別格官幣社に列せられる。そして明治八年になって、方広寺大仏殿跡の

写真２－④　豊国神社唐門（京都市東山区茶屋町）
現在の豊国神社社殿は明治時代の再建だが、唐門は伏見城の遺構が金地院より移築されたもので、国宝となっている。

東西六〇間、南北五〇間の地に社殿を造営することが決定される。豊国神社再興の御沙汰書発給から京都における豊国神社の再興決定までの間には、太閤秀吉ゆかりの地である大阪と京都との間で、同社をめぐる誘致合戦があり、事態は難航を極めたのであるが、京都では、京都府のほか市民が豊国神社造営の嘆願書を担当部局となっていた教部省に出すなど活発な動きがあった。

そして、京都での社殿造立が決定されると、京都市民の間に祝賀の雰囲気が醸成され、明治九年十月一日から十日までの十日間にわたって、豊国神社御造営砂持が盛大に営まれる。「砂持」とはいわゆる地鎮祭のことであるが、その執行に際し京中からは都合一六八五ヵ町が参加し、人びとはさまざまな余興を催しながら社殿造営予定地の方広寺大仏殿跡や阿弥陀ヶ峰の豊国廟近くまでを練り歩いた。その賑わいの様子は、東雄渓が描き京都市下京第三区笋町（現・京都市中京区笋町）より明治十年に豊国神社に奉納された六曲一双の「豊国神社再興砂持絵図屏風」に描かれている。同屏風には、幟や旗指物のほか造り物を搭載した屋台や仮装行列、揃いの半纏に団扇を持って踊る集団など、市民が思い思いのいでたちで参集している様子がみえる。

国威発揚と秀吉の物語

豊国神社の社殿は、明治十一年（一八七八）二月に起工し、明治十三年五月に竣工した。同年九月十五日には遷宮式が執り行われ、ここに豊国神社は再興されたのである。そしてその後、豊臣秀吉没後三百年となる明治三十一年を前に、これを盛大に祝賀する計画が持ち上がる。京都市会議員や京都府会議員を務めた碓井小三郎（一八六五～一九二八）が大正四年（一九一五）に刊行した『京都坊目誌』には、その経緯が詳しく記されている。

同書によると、元阿波徳島藩主で侯爵の蜂須賀茂韶（一八四六～一九一八）と、同じく侯爵で元福岡藩主黒田家の当主黒田長成（一八六七～一九三九）が、京都の有志者とともに京都市会議員で後に民選初代の京都市長となる内貴甚三郎（一八四八～一九二六）と、豊臣秀吉没後三百年の祝賀について相談し、明治二十九年には、有志の者たちが集って豊国会が組織される。豊国会の目的は、太閤秀吉の偉業を再び顕彰することにあり、そのために、太閤秀吉の遺体が葬られている豊国廟を整備し、秀吉没後三百年の記念行事を盛大に執り行うことにあった。同会では、明治三十年四月十三日に豊国廟修築を起工し、廟への参詣を遮るかたちで建てられていた新日吉神社を現状より南側へと移転させ、雑木林と化していた社殿跡を拓いて参道を整備し、豊国廟の修築をすすめた。工事はほぼ一年で終了し、明治三十一年三月三十一日に竣工する。そしてその年の四月十八日に、豊太閤三百年祭は挙行されたのである。

その模様について、『京都坊目誌』は「四月十八日。三百年大祭を廟前に行ふ。祭儀三日間頗る壮重たり。朝野の

筆で明治10年に下京第三区筝町（現・京都市中京区筝町）より奉納された。

貴紳。及び公衆の参拝する者数十万人に及ぶ。五月三十一日直会式を挙け。以て大祭を終了す。此祭典を慶し。詩を賦し和歌を詠じ。廟前に献する者あり。或は帝室博物館に於て遺物を展観するあり。或は神に旧縁ある寺院に於て法会を修するあり。或は全市豊国踊りと称し。踏踊して廟に詣し。種々雑多の余興を催す等甚だ盛なり。慶長の往時社殿造営成り。豊国祭を行ひし時。上下京の町人盛装舞踊して仙洞御所及び社領に至りしも斯くや在んと追想せらる」と記している（8）。

豊国神社の復興から豊太閤三百年祭へという道程には、徳川の世を転覆させた明治新政府側の意向が少なからず働いていた。そして、『京華要誌』の方広寺大仏殿の項には、寛政十年（一七九八）に焼失したままの大仏を復古する企図が語られ、そこには

写真２−⑤　「豊国神社再興砂持絵図屏風」（豊国神社蔵）左隻

明治９年（1876）に催された豊国神社造営砂持行事の様子を描いた六曲一双の屏風。東雄渓の

「征清軍分捕廃砲の下附を請願し、巨像を復古して、征清の偉蹟を万代に誇耀し、且つ戦死者の冥福を祈らんとの大願を発し、目下計画に斡旋中なり(9)」との一文が躍る。それは、明治二十七、八年戦役と称された日清戦争の戦果を受けての文言である。大陸への進出を夢見て文禄慶長の役を戦った豊臣秀吉の偉業は、明治時代後期の人びとの心に、きわめて現在的な意義をもって受け止められたのである。

豊太閤三百年祭で市民によって披露された豊国踊りは、慶長九年（一六〇四）に催された豊国社臨時祭礼の様子を描いた「豊国祭礼図屏風」から着想を得たものという。豊国踊りに興ずる明治時代後期の市民の姿は、豊臣秀吉という稀代の英雄の治世の下で繁栄と享楽を享受し、浮揚感を共有した豊臣政権最末期を生きた庶民の感覚と、きわめて著しく通底するものがあったのかもしれない。とにかく、このようにして豊臣秀吉の英雄譚は、明治の世に復活したのである。

諸国の豊国神社の様相

豊国神社の復興から豊太閤三百年祭の挙行に至る京都での一連の動きは、豊臣秀吉の復権を喧伝するという意味で全国的に大きな影響を及ぼした。滋賀県長浜市南呉服町の豊国神社が祭礼日を変更した理由が豊太閤三百年祭にあったことは先に述べたが、明治維新以降復活を遂げる豊国神社は、全国各地に幾つか存在する。前節で紹介した北川央の研究によれば、豊国神社は創建当初全国に二〇社ほどの同社の分祀等が行われたとみられる。その後、江戸時代には変転を余儀なくされたものも多いが、現在では二六社程度その存在を確認できる。

表2―①は筆者が把握している現在ある豊国神社の一覧である。本表は、日本史研究者の高野信治が、武将を神として祀っている全国の神社をまとめた「武士神格化一覧・稿」(10)をもとにして作製したもので、そこに記載された豊国神社三五社を基本資料とし、それぞれについて検討を加え、また北川が調査した二〇社についても比較検討した上で必要に応じて転記し、その他に採取できた豊国神社の情報なども加味して構成した。どの社も、基本的には豊臣秀吉に関わる由緒来歴が語られる。

このうち加藤清正(一五六二～一六一一)が慶長四年(一五九九)に自領肥後熊本に分祀を願った豊国廟(No26)は、現在は熊本市郊外の立田山の中腹に小祠が残るのみとなっているが、地元では脳の神さんとして崇められている。また徳島県小松島市中郷町の豊国神社(No22)は、徳島藩主蜂須賀家政(一五五八～一六三八)によって慶長十九年に建立され、御神元は別の場所にあったが、豊臣家滅亡後は社号を日吉神社と改め、四代藩主蜂須賀光隆の時に社殿を破却して、体を中郷村の庄屋に預けたものが受け継がれて密かに祀られ、明治になってから豊国神社に復したのだという。そして石川県金沢市の豊国神社（No４）は、加賀藩三代藩主前田利常（一五九四～一六五八）が元和二年（一六一六）に豊臣秀吉を密かに祀り、卯辰観音院を別当としたもので、明治二年（一八六九）になって豊国神社に改称したのだという。この三社はいずれも、加藤・蜂須賀・前田という、豊臣家恩顧の大名たちによって祀られたという由緒をもつ。

写真２－⑥　千畳閣（広島県廿日市市宮島町）
大経堂として建てられたが、豊臣秀吉の死後工事が中断し、明治時代以降厳島神社の末社となって現在に至る。

これに類する例としては、太閤秀吉による醍醐の花見の舞台として知られる醍醐寺の境内にある豊国社（No13）で、これは醍醐寺第八十代座主で秀吉とも親交のあった義演（一五五八～一六二六）が勧請したものである。広島県の宮島にある厳島神社の境内に祀られた豊国神社（No20）は、豊臣秀吉が戦で亡くなった者たちの供養のため、天正十五年（一五八七）に安国寺恵瓊（?～一六〇〇）に建立を命じたもので、棟内は畳八五七枚もの広さがあることから千畳閣と呼ばれている。これらはいずれも、豊臣秀吉と直接縁のあった者たちが創建に関わった点が特筆される。ほかにも、京都の新日吉神社境内にある豊国神社（No11）は、同社が豊国廟の前を遮るかたちで移築された際に、樹下社の名で豊臣秀吉を密かに祀ったのだという。大正十五年（一九二六）に同社社務所が発行した『新日吉神社由緒略記』には、この樹下社の名について「蓋し当時を憚りこの縁故ある社名を以て、祭神の旧姓木下にかけしものにして、公の英霊も旧幕時代は僅にかくの如くして其の祀を絶たざるを得

備考	出典等
豊臣秀吉・源頼朝が祭神。	『全国神社名鑑　下巻』
と織田信長が相殿に祀られている。	『全国神社名鑑　下巻』
内宿禰・豊臣秀吉・斯波義将・前田利家。	「武士神格化一覧」(東日本編)
観音、神仏分離の際に豊国神社となった。	『明治神社誌料　中巻』
を祀る。	『全国神社名鑑　下巻』
頃、当村ノ寡婦某ニ僕タリ」太閤屋敷跡あり。	『愛知県の地名』
の別宮として整備。	『式内社調査報告　第13巻　東山道２』
に豊神社から改称。	『近江長濱町誌』
の摂社。	『式内社調査報告　第12巻　東山道１』
創建の豊国社を復興。	『秀吉と京都―豊国神社社宝展―』
社の境内社。妙法院宮が密かに祭祀。	『新日吉神社由緒略記』
の摂社。	『明治神社誌料　上巻』
内に義演が豊国社より勧請。	https://www.daigoji.or.jp
山区茶屋町の豊国神社の別社。	『大阪府神社史資料　上巻』
神社の境内社。	http://www.geocities.jp/
が御神体。	『神戸の神社』
に八幡神社に瑞丘社(祭神・豊臣秀吉等)が合祀される。	http://www.eonet.ne.jp/~trumiyakujin/
城後城主となった有馬氏が秀吉廟を建てたことに由来。	『ふるさと淡河の伝承行事』
して豊臣秀吉	『和歌山県神社誌』
末社豊国神社本殿は千畳閣として知られる。	『広島県神社誌』
に山王社から改称。祭神は大山咋神・豊国社・東照宮。	『徳島県神社誌』
から明治元年に改称。	『式内社調査報告　第23巻　南海道』
境内社。秀吉伝承あり。	『香川県神社誌』
屋敷跡に祀られた。	『新修福岡市史　民俗編１』
に字太閤水に祀られていた豊臣神社を合祀。	『福岡県神社誌』
が豊国大明神を造営したことにはじまる。	『加藤清正公信仰』

表２-①　豊臣秀吉を祀った神社一覧

No	名称	所在地	状態	創建年等	
1	日光東照宮	栃木県日光市山内	相殿	江戸時代	徳川家康・
2	久能山東照宮	静岡県静岡市駿河区根古屋	相殿	江戸時代	豊臣秀吉
3	櫛田神社	富山県射水市大門町串田	合祀	不明	配神は武
4	豊国神社	石川県金沢市東御影町	主神	明治初期	元は卯辰
5	豊国神社	愛知県名古屋市中村区	主神	明治18年	豊臣秀吉
6	豊国神社	岐阜県海津市平田町者結	小祠	明治31年	「太閤幼少
7	豊国神社	岐阜県大垣市墨俣町墨俣1735	摂社	昭和49年	白鬚神社
8	豊国神社	滋賀県長浜市南呉服町	主神	江戸時代	大正７年
9	豊国神社	滋賀県長浜市高月町森本	摂社	江戸時代	森本神社
10	豊国神社	京都府京都市東山区茶屋町	主神	明治13年	慶長４年
11	豊国神社	京都府京都市東山区妙法院前	摂社	江戸時代	新日吉神
12	豊国神社	京都府京都市伏見区御香宮	摂社	江戸時代	御香宮社
13	豊国明神社	京都府京都市伏見区醍醐	摂社	慶長５年	醍醐寺境
14	豊国神社	大阪府大阪市中央区大阪城２-１	主神	明治12年	京都市東
15	桜樹神社	大阪府大阪市天王寺区大道	摂社	不明	河堀稲生
16	豊国稲荷神社	兵庫県神戸市兵庫区平野町獺谷	主神	不明	豊臣秀吉
17	瑞丘八幡神社	兵庫県神戸市垂水区高丸	合祀	不明	昭和６年
18	豊国神社	兵庫県神戸市北区淡河町淡河	小祠	慶長４年	淡河城落
19	厳島神社	和歌山県橋本市高野口町1829	合祀	江戸時代	配祀神と
20	豊国神社	広島県廿日市市宮島町	摂社	天正15年	厳島神社
21	日枝神社	徳島県徳島市助任本町	合祀	不明	明治３年
22	豊国神社	徳島県小松島市中郷町	小祠	慶長19年	日吉神社
23	豊臣神社	香川県丸亀市本島町笠島	摂社	明治14年	尾上神社
24	豊国神社	福岡県福岡市博多区奈良屋町１-17	主神	明治19年	神谷宗湛
25	八剣神社	福岡県北九州市若松区小敷	合祀	不明	大正10年
26	豊国廟跡	熊本県熊本市黒髪４丁目	主神	慶長４年	加藤清正

写真２－⑦　豊国神社（京都市東山区妙法院前側町）
新日吉神宮の境内社。秀吉の旧姓である木下にかけて「樹下社」と書き「このもとのやしろ」と称した。社殿は天明５年（1785）の造営という。

たり[11]」と記されている。

明治時代創建の豊国神社

そして、秀吉の事績に関わる由緒をもつ社も多くある。それらの多くは明治時代に入ってから相次いで創建されているという特徴がある。まず、明治十二年（一八七九）には、京都の豊国神社の別社として大阪の中之島に豊国神社（No14）が創建される（昭和三十六年に大阪城内に遷座）。明治十四年には、瀬戸内海に浮かぶ塩飽本島（香川県丸亀市）の尾上神社境内に豊臣神社（No23）という小祠が建てられる。この地はかつて塩飽水軍の根拠地があったところで、水軍は秀吉の配下となって文禄慶長の役などで活躍し、褒美として付近七島一二五〇石と朱印状が与えられた。同社の創立はその故事に沿ったものであるという。

明治十八年には、豊臣秀吉誕生の地とされる現在の名古屋市中村区に豊国神社（No５）が創建された。名古屋の豊国神社は、元長州藩士で当時愛知県令であった国貞廉平（一八四一～一八八五）らが発起人となって、明治十六年から有志が募られて創建されたもので、国貞は豊公誕生之地の木碑を建てるなどして社殿創建運動を盛り上げた。そして、翌明治十九年には九州博多で、桃山時代の豪商神谷宗湛の屋敷跡の一画に豊国神社（No24）が建立される。博多の豊国神社は、豊臣秀吉が博多の町割をした博多再興三百年を記念して建てられたものである。そのほか、明治三十一年十月二十一日には、岐阜県海西郡者結村（現・海津市平田町者結）の太閤屋敷跡と呼ばれる場所に、豊国神社（No６）の小祠が建てられる。同村には、秀吉が幼少の頃に村の寡婦に仕えていたとの伝承がある。

これらの事例は、おそらく京都での豊国神社再興から明治三十一年の豊太閤三百年祭挙行までの動きに、何らかのかたちで触発されてのものであろうと推察される。一覧表に示した各豊国神社の中には、何故豊臣秀吉が祀られているのか、その理由が判然としないものも含まれている。しかし、それぞれの社について、その由緒来歴という観点から分類をしてみるならば、そこには、秀吉の存命中から江戸時代初期までの間に創建の起源を持ち、太閤秀吉の活躍していた時代から徳川の世へと時代が移り変わる歴史の感覚を帯びた社と、徳川の世が終り時代が明治となる中で、新たな価値観のもとで復権する豊臣秀吉と、新時代に人びとが希求する秀吉像の一端をまとった社という、豊国神社をめぐる二つの方向性がほの見える。

写真２−⑧　豊公誕生地碑（名古屋市中村区中村公園内）

豊国神社境内の傍に立つ。明治16年（1883）に愛知県令の国貞廉平が木製の標柱を建てたのが最初で、明治44年（1911）に現在の石柱が建てられた。題字は愛知県知事深野一三の揮毫。

三　長浜の町場と豊臣秀吉への信仰の背景

朱印地の確定と石柱の建立

明治時代になり、それまで徳川幕府の下で日陰の位置に追いやられていた豊国神社や豊国廟が復興され、豊臣秀吉の復権がはかられるようになると、その動きは全国に波及し、各地で豊国神社が「復活」していった。そこには、単純に歴史上の英雄をもう一度顕彰しようとする動きに加えて、新たな時代状況に対応したプロパガンダや、時流に乗り遅れまいとする心情など、実にさまざまな人びとの思惑が渦巻いていた。本章の冒頭で紹介した滋賀県の長浜における豊国神社の復活にも、そうした社会情勢の影響は少なからずあった。ただ、長浜にはそれにも増して、秀吉がつくった町であるという、ゆかりを堅持しつづけねばならない事情があった。

長浜の町は、羽柴秀吉が長浜城を築城した際にその城下町として建設した町場がそのはじまりであったことは既に述べた。戦国時代、近江国の北部に勢力を誇った浅井氏を滅ぼした織田信長は、この戦いで戦功のあった秀吉に戦後の湖北統治と復興を任せたのであるが、秀吉は浅井氏が居城とした小谷城ではなく、琵琶湖岸の今浜の地を長浜と改名し、ここに新たに城と城下町とを建設して、同地域の政治経済の中心地を創出させたのであった。

近江湖北地域にとって当初織田軍は侵略者であり、それまで浅井氏に仕えていた人びとも、新たな領主となった秀吉には簡単にはなびかなかった。そこで秀吉は、自領となった湖北各地の社寺に領地を寄進したり、在地の有能な武士たちを家臣団に組み入れたりして懐柔をすすめ、徐々に人心を掌握していった。そしてその一環として行われたのが、新たに建設した長浜の町場の租税を免除することであった。

秀吉は、長浜の城下町へ人びとを寄せるために年貢免除に踏み切り、一定の効果を上げた後には、今度は課税を検討して、妻（後の北政所）に諫められて撤回したという逸話があるが、この租税免除地について確認できる史料として、秀吉が天正十九年（一五九一）五月九日に長浜町人中宛に発給した文書が現存している。この文書には「江州坂田郡内、長浜町屋敷年貢米、三百石事、被成御免除候也[12]」と記され、長浜の屋敷地の年貢三〇〇石分を免除することが明記され、秀吉の朱印が捺されている。天正十九年の時点で、秀吉は天下をほぼ手中に収めており、長浜の城下町への集住を画策して同文書を発給したという観点には疑問が残るが、例えば『近江長濱町志』では、この文書を秀吉が天下を統一したことを受けて、租税免除のお墨付きを改めて交付されたものという見解を示している。そして、秀吉が租税を免除した長浜町屋敷の三〇〇石分は、天正十九年の朱印状によって確定されたということから、この後は「朱印地」と呼称されるようになった。

興味深いことに、長浜の町場における租税免除地の効用は幕末までのおよそ二百八十年間にわたって受け継がれた。関ヶ原合戦の後、長浜城には徳川家譜代の武将である内藤氏が入封する。そして豊臣家滅亡後、長浜城は廃城となり、長浜を含む近江湖北の各地は、その大半が徳川家譜代の重臣である井伊家の治める彦根藩の領地に組み入れられてしまう。しかし井伊家は、長浜の朱印地施策を受け継いでその租税を免除し、さらには、慶安四年（一六五一）に実施した検地によって、免除地三〇〇石のうち四三石余が不足していることが判明すると、彦根藩はこれを近隣から補塡するなどして保護している。

長浜には、現在もこの朱印地の領域を表す石柱が残されている。その最古のものは彦根藩によって検地が行われた慶安四年頃に建てられたと伝わるもので、その表面には「従是〇長濱領」（〇には東西南北の方角が入る）との文字が刻まれている。石柱は三〇〇石の朱印地に相当する町場を取り囲むように町中の随所に三〇本ほどが建てられていたと

写真2―⑨　長浜朱印地石柱（滋賀県長浜市元浜町）
長浜市元浜町（旧三ツ矢町）の角地に立つ朱印地石柱。旧来からあった場所に残っているもので「従是南長濱領」の文字が刻まれている。

いい、現在も長浜の旧町場には一二本の石柱が残り、そのうち旧来からの場所にそのまま立つものは四本を数える。長浜の町場に暮らす人びとは、朱印地という自分たちが獲得した権益を守り、そしてこれを可視化できるように石柱を建てて、代々継承していったのである。

秀吉公御遠忌の執行

長浜では、江戸時代に豊臣秀吉の年忌法要が四回も営まれている。百回御忌は元禄八年（一六九五）八月に新放生寺八幡宮の本地堂で営まれ、百五十回忌は延享四年（一七四七）二月に、二百回忌は寛政七年（一七九五）八月にいずれも知善院において営まれた。そして弘化三年（一八四六）八月には、新放生寺八幡宮で二百五十回忌が営まれている。

このうち知善院には、元禄十五年に豊国大明神の名号などを祀る観音堂が建立されているが、『観音堂建立落成記』という史料には、次のような文言が記されている。

長浜町地子三百石、太閤公御朱印被為成下、于今御代々御赦免、雖難御恩報無寸志、空送数年歎、地子報恩講結十八日毎勤来信成哉、不思議十一面観音像　大明神　大権現両御名号知善院有寄進、依此比結縁信心輩加助力、

写真２−⑩　知善院（滋賀県長浜市元浜町）
知善院は天正２年（1574）に秀吉によって浅井氏の小谷城下から長浜に移された寺。秀吉の木像などが祀られている。表門は長浜城の搦手門を移築したものと伝える。

元禄十五壬午三月当院境内建仮堂、観音安置仕、左右一方　豊国大明神、一方東照大権現、両御名号、御当家御代々御位牌奉納、為冥加奉拝者、三世利益、諸願成就旨趣仍如件

元禄十五壬午(13)

これによると、江戸時代前期、長浜では太閤秀吉のお陰で長浜町三〇〇石の地子（年貢）赦免の恩典に浴してきたが、そのことに感謝をするために地子報恩講が結成され、十一面観音像と豊国大明神と東照大権現の両名号が知善院に寄進されたのを受けて、元禄十五年に境内に仮堂を建てて観音像と豊国大明神らの名号などを安置したという。同史料には、観音堂建設にかかる願主として地子報恩講中三九名と、施主の長浜町惣中九九名が、知善院の住持と大工棟梁とともに名を連ねており、また、この年の三月十七日から四月十八日まで開帳が行われたことが、併せて記されている。

長浜での豊臣秀吉年忌法要は、江戸時代を通じてほぼ五十年に一度ずつ執り行われており、これだけをみ

れば、長浜の人びとが豊臣秀吉に対して強い思慕の念を抱いていたことがうかがわれる。対して長浜を統治していた彦根藩には、長浜での秀吉年忌法要の執行を規制する動きは無く、おそらくは容認していたものとみられる。

ただ、弘化三年(一八四六)七月二十三日に長浜町の町年寄から彦根藩の奉行所に出された書状には、長浜側が彦根藩の町役人に対して秀吉公二百五十回忌の執行を届け出たところ、許可が下りなかったため、「併百回御忌之砌より其節之御届申上御許容之上執行仕来候義に御座候得ば、何分不本意に奉存候間、旧例通御許容被成下置候は難有可奉存候」と、これまで通り秀吉公御年忌の執行を許可するよう願い出ている(14)。

弘化三年の秀吉公二百五十回忌の法要が彦根藩から当初許可されなかった理由について、これを語る史料は残されていないのだが、この年の一月十三日に彦根藩主井伊直元が死去し、跡を弟の井伊直弼が継いでいるため、あるいは藩主の死去とそれに伴う交代の直後であることが憚られた可能性も考えられる。結局、秀吉公二百五十回忌は長浜町側の強い願いによって実施されている。

地子報恩講の結成や観音堂の建設、そして秀吉御遠忌の執行など、長浜の人びとが豊臣秀吉の遺徳をしのぶことに強い執着をみせている背景には、秀吉による朱印状の発給と三〇〇石の租税免除という、きわめて現実的な利害があった。長浜の町衆は早くから石柱を建立して朱印地の可視化をはかり、秀吉の供養を恒常的に執り行うことで、支配する彦根藩はもとより、近隣の町や村に対しても、自分たちの持つ特権をアピールする強烈なデモンストレーションを仕掛けていたものと考えられる。

おわりに

浜縮緬の貢納と朱印地の矛盾

しかし江戸時代後期に、この長浜の町是の矛盾が露呈する事態が発生する。当時長浜は生糸産業から発展した絹織物の生産が軌道に乗り、特に縮緬織物の生産技術が普及して以降、当時の織物の一大消費地である京都に近いという立地的な好条件もあり活況を呈していた。ところが、京都で延享元年(一七四四)に縮緬や紗綾など京都以外で織られた高級織物の京都への流入を制限する命令が京都町奉行所から下った。そこで、一計を案じた長浜側は、京都での販売許可を得るため彦根藩に工作を願い出る。彦根藩では、織り上げた縮緬を年貢として受け取り、これを藩の御用商人を通じて京都で販売させるという策を打ち出した。こうすれば、彦根藩は年貢を換金するという目的で縮緬を京都で売り捌くことができ、地元には京都での販路が確保され、しかも彦根藩には縮緬の売上げによる収益がもたらされるという利点があった。縮緬の販売に乗り出した彦根藩は、宝暦十年(一七六〇)正月、販売にかかる管理と手数料などの仕様を定め、各織屋を統制する役職として地元に「織元」を置き、縮緬の生産に携わる者には鑑札が発行されるようになった。

京都での安定的な市場の確保は、湖北長浜の縮緬業にさらなる発展をもたらした。織元制度の発足から半世紀を経た文化十二年(一八一五)には、長浜周辺には一二〇〇軒を超える織屋が営業をしている。この頃になると、長浜の町の朱印地の中にも縮緬を織る織屋が出はじめ、彼らもまた織元の下で縮緬を生産し京都で販売することを目論んだ。ところが、長浜町の朱印地は秀吉以来の年貢免除の地とされていたため、年貢の代納物としての縮緬の貢納という彦根藩の織元制度の名目に対し、当初は抵抗を示したのである。しかし、結局は享和二年(一八〇二)に長浜町内にも株仲間が結成されて織元の統制を受けることとなった。文化七年(一八一〇)の長浜町縮緬職織届印鑑には、実に三六軒もの織屋が名を連ねている。(15)

写真２−⑪　長浜城址（滋賀県長浜市公園町）
秀吉が築いた長浜城は、その後山内一豊から内藤信成・信正父子へと城主が変わり、大坂落城後の元和元年（1615）以降廃城となった。その後城址の付近には、昭和58年（1983）に内部を博物館とした天守閣型の展望台が建てられた。

江戸時代を通じて維持された長浜の朱印地は、秀吉への追慕の念によって堅持されてきたのではなく、あくまでも実利を追求した形態であった。それ故に、縮緬の生産販売というより高次元な利潤の出現に対して、長浜町三〇〇石の年貢免除地という原則は黙殺されてしまうという側面を、この一件は図らずも露呈させてしまった。

継承される秀吉の物語

そして明治時代になり、長浜では地租改正によって豊臣秀吉からもたらされた朱印地の租税免除の特権も雲散霧消した。しかし長浜には、知善院など秀吉を追善する寺院や朱印地を表す石柱が残され、そこに豊国神社が新たに起立していった。豊国神社は、長浜における豊臣秀吉の物語を伝えてゆく装置のひとつとして機能し、秀吉は郷土にゆかりの偉人として長浜の人びとに受け止められていった。そして長浜には、昭和五十八年（一九八三）にかつての秀吉の居城であった長浜城址に新しい城が博物館として建設され、その後も豊臣秀吉をモチーフにしたまちづくりが積極的に推進されている。ここに、長浜における豊臣秀吉の物語は、新たな価値を創出するに至った。

秀吉に限らず、戦国武将の事績は各地に伝承され物語として受け継がれている。その語りの根源にあるものが何であり、物語がいかにして醸成され、地域に受け止められ、あるいは活用されていったのであろうか。史実としての検証や高次元の類型といった視点に加えて、伝えられた人物の事績やその語られ方の変遷を民俗誌として捉える方途が、次に求められるものと考える。

註

（1）北川央「豊臣秀吉像と豊国社」（黒田日出男編『肖像画を読む』一九九八年　角川書店）二〇六頁参照。
（2）河内将芳『秀吉の大仏造立』（二〇〇八年　法藏館）一九〇〜一九一頁参照。
（3）大阪女子大学近世文学研究会編『日次紀事』（一九八二年　前田書店）三四八頁参照。
（4）『訓読　雍州府志』（一九九七年　臨川書店）三七二頁参照。
（5）『出来斎京土産』（『新修京都叢書』第十一巻　一九九四年　臨川書店）五四〇〜五四一頁参照。
（6）『菟藝泥赴』（『新修京都叢書』第十二巻　一九七一年　臨川書店）三三六参照。
（7）『京華要誌』（『新撰京都叢書』第三巻　一九八七年　臨川書店）二〇五頁参照。
（8）『京都坊目誌』（『新修京都叢書』第二十一巻　一九七〇年　臨川書店）五三六頁参照。
（9）『京華要誌』前掲　二〇六頁参照。
（10）『九州文化史研究所紀要』四七号　二〇〇三年　および『九州文化史研究所紀要』四八号　二〇〇五年　所収。

(11)『新日吉神社由緒略記』(一九二六年　新日吉神社社務所)九頁参照。
(12)下郷共済会文書(『近江長濱町志』第一巻　一九八八年　臨川書店　二一五頁所収)。
(13)知善院文書(『近江長濱町志』第二巻　一九八八年　臨川書店　三六二頁所収)。
(14)川崎司朗氏文書(『近江長濱町志』第三巻　一九八八年　臨川書店　五〇四頁所収)。
(15)江戸時代の長浜における縮緬業の変遷については、『糸の世紀・織りの時代—湖北・長浜をめぐる糸の文化史—』(二〇一〇年　サンライズ出版)を参照されたい。

第三章　山内一豊—教科書によってつくられた人物像—

はじめに

山内一豊とは誰だ?

平成十八年(二〇〇六)一月、NHK大河ドラマとして司馬遼太郎原作の「功名が辻」の放映が始まった。主人公は戦国武将の山内一豊とその妻の千代。しかし、視聴者の多くは主人公である山内一豊についての具体的なイメージを持っていなかった。

山内一豊(一五四五?〜一六〇五)は、数ある戦国武将の中でもいかにもマイナーな存在であった。一豊は織田信長から豊臣秀吉に仕え、この間に長浜城主となり、次いで掛川城主へと転身し、関ヶ原合戦では徳川家康率いる東軍に属して勝者となって、高知土佐藩の初代藩主にまでのぼりつめた。過酷な戦国の出世レースを生き抜いた、いわば勝ち組の武将のひとりである。しかし、歴史上の人物として山内一豊の印象はさほど強くはない。

山内一豊が藩主となった高知でも、ドラマの放映前までは彼の人気はさほど高くはなかった。高知で最も人気のある歴史上の人物といえば、やはり坂本龍馬(一八三五〜一八六七)であり、戦国武将という点では、山内家の入封以前に高知を中心に勢力を誇っていた長宗我部元親(一五三九〜一五九九)が、やはり人気が高かった。山内家は江戸時代

写真３−①　山内一豊像（高知市丸ノ内）

高知城の追手門前にある像。山内一豊像は大正２年（1913）に一豊と千代を祀る藤並神社境内に建てられたが、戦時中に供出された。現在の像は平成８年（1996）に再建されたものである。

を通じて長宗我部家の旧臣たちを下士として虐げる施策を採りつづけたといい、その結果、下士であった坂本龍馬や土佐勤王党の武市半平太（一八二九〜一八六五）ら幕末の志士が辛酸をなめる結果となったことから、龍馬人気に比例するように、上士と下士の区別の基をつくった山内一豊の人気や知名度は低く抑えられていた。しかも、山内一豊が土佐に居を構えたのは、晩年のわずか四年九か月ほどであり、名声を残す暇もなかったのである。

ところがある年代層以上には、山内一豊と聞くとピンとくる方々が俄然多くなる。実は山内一豊とその妻が主人公となるある逸話が、戦前までの学校の教科書に掲載されていたのである。ただその話は、戦国武将らしい武勇の話でもなければ、才覚をめぐらして活躍をしたといった話でもない。それは、妻のへそくりを題材としたものであった。

写真３−②　山内一豊之妻像（高知市丸ノ内）
高知城内にある山内一豊の妻千代の銅像。高知商工会議所婦人会を中心に昭和40年（1965）に建設された。台座には「時代を超えて夫婦協和の道をこの像に象徴する」との言葉が刻まれている。

山内一豊・千代と名馬購入の逸話

山内一豊と妻千代の物語として最も有名なのは、黄金一〇両で名馬を買う話である。窮乏にあえぐ夫一豊に、妻千代が隠し貯めておいた黄金を差し出し、一豊がそれによって名馬を購入して主君である織田信長の目にとまるという話は、夫の出世を支える妻の「内助の功」を代表する逸話として喧伝されてきた。むしろ、山内一豊という武将の来歴を語る逸話として、この名馬購入譚以外のエピソードについては、ほとんど知られていないとすら思えるのだが、そもそもこの話、武功一辺倒の戦国武将の逸話の中にあって、登場する内容が「夫の愚痴」に「妻のへそくり」と、ことさら特異な印象を受けるものかと思われる。そこから喚起される両者のイメージは、「うだつのあがらない夫・一豊」と「しっかりものの妻・千代」といったところだろうか。

ところで、この「黄金一〇両で名馬を買う」という話については、これを史実ではないとする意見が専門家の間では多い。これに関しては、同時代史料にこの話を記述したものが無いことや、逸話の内容にいくつかの矛盾点があることなどが根拠として挙げられており、一豊と千代の話として最も盛り上がるべきこの美談は、実は創作であったという可能性が指摘されている。例えば土佐山内家宝物資料館館長の渡部淳は「「内助の功」「賢婦の鑑」として有名な道徳説話であるが、これが事実かどうかは別問題である」と述べ、一豊が馬を求めた安土の町や都での馬揃え開催年、一豊の当時の身分など史実をもとにその虚構を検証している。(1) また、山内一豊名馬購入の逸話についての研究としては、大嶌聖子が詳細なテキストの史的検討を行っている。(2)

しかしながら、日本人が内助の功という用語を想起するとき、この一豊と千代の逸話が、かなりの割合で引用されてきたことは、おそらく間違いのない事実である。そこでまず、この名馬購入譚の伝承が流布してゆく過程について、検討してみたいと思う。なお、山内一豊婦人の呼称については一般に「千代」が流布するが、実際の史料上はその名称は確認されていない。確実に彼女の名前として史料に記載されているのは、晩年に受けた院号である「見性院」のみだが、本章では史料の伝承性について言及する観点から「千代」の呼称をそのまま用いることとする。

一　一豊名馬購入譚の元資料

山内一豊の名馬購入逸話の原典

一豊の名馬購入の話が記載された現存する最古の史料は、新井白石が著した『藩翰譜』の中の一節である。新井白石(一六五七〜一七二五)は江戸時代中期の儒学者で、甲府宰相徳川綱豊の侍講となり、綱豊が徳川綱吉の後を受けて六代将軍家宣となると、幕臣として登用され、その治世に深く携わる人物である。白石は家宣急逝後その子で七代将軍となった家継にも仕えるが、家継がわずか七歳で逝去すると、後を受けた八代将軍徳川吉宗の登場によって、享保元年(一七一六)に幕政から引退する。新井白石が幕府政治に参画した期間はわずか七年であったが、その間に彼が行った政治は後に「正徳の治」と呼ばれ、幕府政治の建て直しに尽力した人物として、高く評価されている。

学者でもあった新井白石は、多数の著作を後世に残しているが、そのうちのひとつが件の『藩翰譜』である。この本は、六代将軍徳川家宣がまだ甲府宰相綱豊と呼ばれていた頃に白石に命じて編纂させたもので、全国三三七の大名の家伝由緒を集成した全一二巻からなる書物である。白石はこれを元禄十五年(一七〇二)に綱豊に献じている。山内一豊が妻のへそくりで名馬を購入するエピソードは、この『藩翰譜』に収められた山内家の家録の中に初めて見られる。『藩翰譜』に記された「黄金十両で名馬を買う話」の前段は次の通りである。

昔一豊、織田家に出でて仕へし初め、東国第一の名馬なりとて、安土に引き来て商ふ者あり、織田殿の家人等、これを見るに、誠に無双の名馬なり、されども価余りに貴くして買うべき人一人もなく、空しく引きて返らんとす。其頃、一豊は猪右衛門尉と申せしが、此の馬ほしく思へども、求むる事如何にも叶ふべからず。家に帰りて、世の中に身貧しき程、口をしき事はなし、一豊仕への初めなり。かかる馬に乗りて見参に入れたらんには、屋形の御感にも預るべき者をと、独言いひしに、妻はつくづくと聞いて、その馬の価いかばかりにやと問ふ。黄金十両とこそ云ひつれと答ふ。妻さほどに思ひ給はんには、その馬もとめ給へ、あたひお《(を)》ばみづからまいらすべしとて、鏡の筥の底より、黄金十両とり出しまいらす。一豊大きに驚き、この年頃身貧しく、苦しさのみ多き内には、この黄金ありとも知らせ給はず、いかに心つよくは包み給ひけん、されども今、此の馬うべしとは思ひもよらざりきと、且は悦び、且は恨む。妻は、のたまふ所ことわりにこそ侍れ、さりながら、これはわらはが父の、此の家に参りし時に、この鏡の下に入れ給ひて、あなかしこ、これよのつねの事に用ふべからず。汝が夫の一大事あらん時に参らせよ、とて、賜ひき、されば家まづしく苦しむなどいふ事は、よのつねのならひなり、これはいかにも堪へ忍びても過ぎなまし、まことか此の度、都にて御馬揃へあるべしなど聞こゆ、もしさもあらんには、此の事天下の見物なり、君また仕へのはじめなり、かかる時ならでは、屋形にも傍輩にも見知られ給ふべきよしもなし、よき馬めして見参に入れ給へ、と思へばこそ、まいらすれ、と云ふ。一豊、やがて其の馬もとむ。(3)

この後、都での馬揃えで一豊の名馬は信長の目にとまり、信長は「武士のたしなみ、いと深し」と一豊を褒め、ここから山内一豊の出世が始まるのだと書き記している。ただし、白石はこのエピソードを紹介した最後に「誠にや（本当だろうか）」との疑問符をつけており、白石がこの挿話自体が伝承であることを述べている点が興味深い。

この逸話が伝聞形態をとるということは、新井白石が『藩翰譜』を編纂する以前にこの話が語られていた可能性を示唆するのだが、『藩翰譜』以前の史料に同様のエピソードが見られないことから、現段階では、白石が伝承を収集して記載したこの史料が最古ということになる。

名馬購入をめぐる三つの書物

一豊と千代の名馬購入の逸話を収録した書物は、この新井白石の『藩翰譜』以外にもいくつかがある。そのうち『藩翰譜』に比較的近い時代の史料として挙げられるのが、湯浅常山の『常山紀談』と室鳩巣の『鳩巣小説』である。

『常山紀談』を著した湯浅常山（一七〇八～一七八一）は、備前岡山藩池田家に仕えた儒者で、後には古文辞学派の儒学者である太宰春台にも師事した。湯浅常山が元文四年（一七三九）頃に著した『常山紀談』は、全三〇巻からなる随筆集で、戦国時代から江戸時代初期の武将の逸話四七〇話が収録されている。『常山紀談』は江戸期を通じて広く読まれた書物であり、重版を繰り返し、明治以降も活字化され刊行されるなどの人気を誇った。よく知られた武将のエピソードの中には、この『常山紀談』を原典とする逸話も少なくない。『常山紀談』に掲載された「山内一豊馬を買はれし事」の内容は次の通りである。

山内土佐守一豊、其始織田家に仕へたりけり。東国第一の駿馬なりとて、安土に牽き来りて商ふ者あり。織田家の士是を見るに、誠に無双の駿足なれど、価余に貴し、とて求むべき人無く、徒に牽きて帰らんとす。一豊其の比は猪右衛門と言ひしが、此の馬望みに堪へ兼ねたれ共、如何にも叶ふ可からざれば家に帰り、身貧き程口惜しき事は無し。一豊奉公の初に天晴かかる馬に乗りて、屋形の前に打出づべき物を、と独言しければ、妻つくづくと聞きて、其価は如何許にてか候、と問ふ。黄金十両とこそ言ひつれ、と答ふ。妻聞きて、さほどに思ひ給はんには、其馬求め給へ。其料をばまいらす可し、とて鏡の底より取り出して、一豊が前に差し置きたり。一豊大に驚き、此年ごろ身貧しくて苦しき事のみ多《（か）》がりしに、此の金有りとも知らせ給はず。心強くも包み給ひけん。今此馬得べしとは思ひも寄らざりき、と且は悦び且は恨む。妻、仰の旨理にてこそ候へ。さりながら之は妾此御家に参りし時、父此鏡の下に入れ給ひて、あなかしこ、世の常の事にゆめゆめ用ふ可からず。汝が夫の一大事と有らん時にまいらせよ、と戒め給ひ候き。然れば家の貧しきも世の常なれば堪忍びても過ぎぬべし。誠に今度京にて馬揃へ有る可しと承れば、此事天下の見物なり、君も又仕への始なり。良い馬召して見参せさせ申さんと存じ候てこそ奉れ、と言ふ。一豊悦ぶ事限りなく、頓て其馬求めてけり[4]。

『藩翰譜』と『常山紀談』の両書は、その成立年代がほぼはっきりしていることから、『藩翰譜』が先に世に出され、およそ四十年後に『常山紀談』が著されたことが知られているが、『藩翰譜』から『常山紀談』へと転載されてゆく段階で、当初伝聞であった「黄金十両で名馬を買う」話が、事実として喧伝されるよう変化していることが見て取れる。

　そして、もう一方の『鳩巣小説』についてだが、こちらでは『藩翰譜』や『常山紀談』と同じ山内一豊と千代の逸話を扱いながら、物語の細部において変化が認められる点が特徴的である。著者の室鳩巣（一六五八〜一七三四）であるが、この人物も新井白石と同じく江戸時代中期に活躍した儒学者で、白石とも親交があったことが知られている。白石の推挙によって幕府の儒者に登用され、白石引退後も徳川吉宗の侍講として幕府に仕えつづけている。『鳩巣小説』は室鳩巣晩年の作とされるもので、古今の武将の逸話をあまた収録した書物であり、その中に山内一豊名馬購入の話も収められている。『鳩巣小説』に掲載された内容は次の通りである。

　松平土佐守トノ、先祖山内対馬守トノコト、信長ノ時分、山内伊右衛門ト申候テ五百石取申候時分、仙台ヨリヨキ馬売ニ参リ候、伊右衛門或時外ヨリ帰宅候テ、気鬱ノ体ニテ不快ノ顔色有之候ヲ、内義見申サレテ、如何ノ義ニヤト尋申サレ候処、婦人ナトノ知義ニテ無之旨被申候へハ、イカニシテモ心元ナク候間、達テ御聞セ可有旨被申候、伊右衛門申サレ候ハ、サレハ比日仙台ヨリ売馬参リ候、アノヤウナル見事ナル馬ニノリ候ハハ、戦場ニテ大将ノ御目ニ早ク止リ候テ、働キモ慥ニ見へ申モノニテ候、武功ノ義運次第ノモノニ候、馬物ノ具抜群ニ候へハ、人先ニ大将ノ御目ニ早ク止リ候テ、働モ大将御目ヲ付ラレ候、是ニヨツテ此度ノ売馬買取候テ、明日ニモ乗テ出候ハハ、其ママ信長公御尋ニ預ルヘキコト疑ナク候ヘトモ、貧ハ諸道ノ妨ニテ候、是ニ仍テ鬱懐ノ由被申候、内義申サレ候ハ、夫ハ何程ノコトト申候ヤ、左右（ママ）衛門太分ノ事ニテモ無之候、金子一枚ト申由申サレ候へハ、内義笑テソコヲ立申サレ、鏡ヲ取テ被参、鏡ノ下ヨリ金一枚取出シ、是ハ私母ヨリモラヒ置申候、母申候ハ、イカヤウノ難義ニ及ヒ候トモ自分ノコトニハツカヒ申マシク候、夫ノ急用ト申時是ヲ用ヒ候ヘトテ玉ハリ候、夫レ故只今マテ隠シ置候ヘトモ、此度ノ義ハ御立身ノ本ニモ成申ヘク候間、是ニテ其馬ヲ御買候ヘトテ渡シ申サレ候、内義申サルハ、飢寒ナトハ人ノ常ニ有之事ニ候、此度ノ義ハ格別ノ義ニテ候、飢寒ノ時分ハ何程難義ニテモ出シ不申由申サレ候、偖其馬ヲ買テ乗出申サル、[5]

このように『鳩巣小説』では、まず名馬の来臨地が「東国」から「仙台」とより具体的な地名として記載されていることと、商人が馬を売っていた場所として記載のあった「安土」という地名が『鳩巣小説』では消えていること、そして、名馬購入の代金が「黄金十両」から「金子一枚」となっていることなど変化がある。そのほかにも『鳩巣小説』では、当時山内一豊は五〇〇石どりの武将であり名馬購入の功績によって信長から一〇〇〇石の加増を受けたことや、都での馬揃えの場面が描かれていないことなどが特筆される。

新井白石の『藩翰譜』、湯浅常山の『常山紀談』、そして室鳩巣の『鳩巣小説』は、いずれも江戸時代中期に著述された書物であるが、山内一豊と千代の名馬購入に関するエピソードの掲載内容については、それぞれに特徴がある。まず『常山紀談』についてであるが、その記述様式は、先に述べた『藩翰譜』ときわめてよく似ている。そのストーリー構成もさることながら、語尾や文章の流れなどが一致する部分が多いのである。つまり、これはどちらかがその内容を書き写したか、もしくはさらに古い原典があって、両書ともがそれを書写したか、ということになるだろう。ただ、両書の中で明確に違っている部分が一つある。それが、先ほど述べた『藩翰譜』の中では「誠にや」と記されている箇所が、『常山紀談』には見当たらない、という点である。

このように、前後四十年足らずの時代の中で、山内一豊と千代の名馬購入にまつわるエピソードには、若干の変転が見られる。ただ、絶対に同一であるのは、貧乏暮らしをしていた一豊が、千代のへそくりを得て名馬を購入し、それを足掛かりに出世を遂げたという物語の根幹となる構成そのものである。

儒学者好みの「内助の功」話

そして、この三つの史料に関して、共通する項目がもう一点ある。それは『藩翰譜』編者の新井白石、『鳩巣小説』作者の室鳩巣、そして『常山紀談』作者の湯浅常山の三人が、いずれも儒学に素養のある人物だったということである。

徳川政権下において、儒学の地位は官学として揺るぎないものになりつつあり、その傾向は五代将軍徳川綱吉の登場以降加速度を増したといわれている。当然、儒学、殊に幕府が奨励した朱子学を学ぶ武士は増加し、その需要はますます高まったであろうことは想像に難くない。それ故に、新井白石や室鳩巣といった儒学者が幕府に重用されたのであり、そうした動きは全国諸藩にも広まり、例えば、備前岡山藩において湯浅常山のような人材を輩出することとなったのであろう。

『藩翰譜』と『鳩巣小説』、そして『常山紀談』のいずれも、それぞれ新井白石や室鳩巣や湯浅常山が武将たちの逸話を収集して編纂した書物である。その原典が何であったかについては当然興味のあるところであるが、もう一つ考えてみたいのは、それぞれの著作者が、何を基準に武将の逸話を採録していったのか、という点である。

この三つの書物に記載された武将の逸話の中には、非常に教訓的なものも多く含まれているのだが、それらを選択した背景には当然、編集者たる彼らの思想的な部分が反映されるはずである。極論するならば、千代がへそくりを渡して一豊に名馬を買わせ、これによって一豊が出世を遂げたという話、後に「内助の功」として広く喧伝されるこの逸話は、儒学に造詣の深い彼ら三人の〝好み〟に叶う話題だった可能性が高いものと推察されよう。

二　学校教育の普及・転換と山内一豊名馬購入譚

学校で使用される教科書の変遷

このようにして、江戸時代には山内一豊名馬購入の逸話が世間に広く知れわたる素地が形成されたわけだが、この逸話が庶民に爆発的に認知されるに至ったのは、もっと時代が下がった明治期になってからのことである。それは、明治維新以降すすめられた国民皆学施策のもと、学校制度が整えられていったことと深く関わっている。

明治五年(一八七二)八月の学制布達によって近代教育の基本姿勢を内外に示した明治新政府は、「国民皆学」をスローガンに全国に小学校を設立し、学問を奨励して国民の偉力向上を目指した。しかし、その実態は江戸時代から続く寺子屋教育の再編成であり、また実質就学率も三割程度にしか至らないなど、当初ははかばかしい成果を挙げられなかったという。中村淳の研究によると、明治五年の学制制定以降の就学率は、明治十九年の小学校令によって初めて義務教育制度が導入された時点でようやく五〇パーセント前後に到達する程度であったという(6)。

ところで、学制が制定された当初、その教則には明治維新直後の気風を反映してか、文明開化施策に則った実学主義のテキストが採用される傾向が少なからずあった。例えば福沢諭吉が欧米近代文化を紹介した書籍が教科書として取り入れられるなど、優れた西洋の文化を生徒に吸収させようという意図は強かったという。しかし、こうした教育の欧米偏重主義は、やがて保守主義、特に江戸時代から武士層を中心に根強い支持を得ていた儒教主義的な考えを持つ人びとから非難を受けることとなる。折しも、明治十年代に高揚した自由民権運動の広まりは、これを抑圧する立場となった明治政府内部にも欧化主義的な方針を見直す声を上げさせるに至り、ここに教科書をめぐる動きにも相応の変化が求められることとなった。

教育方針の変更と元田永孚の『幼学綱要』

明治新政府は、成果の上がらない学制を見直し、明治十二年(一八七九)に新たに教育令を公布し、学校制度の大綱を示した。ところが同年、「教学聖旨」が出されるに及んで状況は一変する。教学聖旨とは、明治天皇が直々に説いた教育の根本方針で、その内容は仁義・忠孝を教育の要とし、維新以降実施されてきた開明的文教政策を批判するものだった。教学聖旨は明治天皇から文部卿と内務卿に示されたものだが、その影響は大きく、結局、明治新政府の教育方針は実学主義から徳目(忠・孝・仁・義など道徳の細目)主義への変更を余儀なくされた。

この教学聖旨を、天皇の旨をうけて成文化したのが、元田永孚(一八一八〜一八九一)である。元田は熊本藩出身の儒学者で、明治三年に熊本知藩事細川護久の侍講となり、翌明治四年には宮内庁に出仕して明治天皇の侍講となっている。元田は明治新政府の欧化政策に批判的な人物であったようで、明治十二年頃から天皇親政と薩長藩閥政治打破の運動を展開している。

そして、元田永孚が教学聖旨の成文化と前後して編纂したのが修身の教科書『幼学綱要』である。『幼学綱要』には孝行・忠節・和順・友愛などの「徳目」が立項され、全編が儒教主義的道徳観によって構成されている点が特徴となっており、各徳目を儒学の経典によって解説し、引用する具体例もすべて日本と中国の挿話に限って編纂されている。『幼学綱要』は明治十五年に天皇から在京中の地方長官らに下賜され、以後は官立学校に願いに応じて下賜されていった。実は、この『幼学綱要』の巻之二「和順」の中に、山内一豊と千代の名馬購入にまつわる逸話が紹介されているのだ。

『幼学綱要』に掲載された「一豊の妻」の物語

『幼学綱要』の巻之二「和順」の冒頭には、その意味について「人ニ男女アリ。故ニ必ズ夫婦アリ。夫婦アリ。然後父子アリ。兄弟アリ。以テ一家ヲ成ス。夫ハ其外ヲ治メ。婦ハ其内ヲ修ル者ナリ。夫婦和順ナレバ。一家斉整ス。所謂ル人倫ハ夫婦ニ始ルナリ。之ヲ忠孝ニ並べテ。人倫ノ大義トス」と解説されている。「和順」の項には一豊と千代の話を含め九つの挿話が掲載されているが、そのうち日本の挿話は五つで、一豊の話のほかは「雄略天皇と皇后」「毛野形名とその妻」「豊臣秀吉の妻北廳」「富田信高とその妻」のそれぞれの話となっている。では、『幼学綱要』に掲載された「山内一豊か妻鏡匳の金を出して名馬を買ハしむ」の全文を紹介しよう。

山内一豊始テ織田信長ニ筮仕ス。適東国ヨリ来テ馬ヲ販グ者アリ。諸将士之ヲ集観シ其神駿ヲ歎賞ス。然ドモ価貴キヲ以テ買フコト能ハズ。販者将ニ馬ヲ牽テ去ラムトス。一豊返リ。独歎シテ曰ク。痛シキカナ貧ナルヤ。我筮仕ノ初メニ当リ。彼名馬ヲ獲テ以テ主公ニ見エバ。独一豊一人ノ栄ノミナラズ。其妻之ヲ聞キ。其価ヲ問フ。曰ク。黄金十両ナリ。妻曰ク。良人必之ヲ獲ムト欲セバ。妾能ク之ヲ弁ゼム。乃金ヲ出シテ。之ヲ一豊ノ前ニ致ス。一豊且喜ビ且恨テ曰ク。異時窮困ノ極。或ハ卿ト顚覆セムコトヲ恐ル。而シテ卿絶エテ金ヲ有スルコトヲ言ハズ。何ゾ其レ忍ベルヤ。妻曰ク。良人ノ言亦理アリ。然ドモ妾ノ来リ嫁スル。妾ガ父親ラ之ヲ鏡奩ノ底ニ納メ。戒テ曰ク。汝夫家ノ貧ナル故ヲ以テ。此金ヲ徒費スルコト勿レ。必之ヲ良人ノ大事ニ用ヰヨ。妾聞ク近日京師ニ簡馬ノ挙アリ。而シテ良人名馬ヲ獲ムト欲スルハ。所謂ル大事ナリ。是ヲ以テ敢テ爾リ。一豊感謝シテ曰ク。卿ノ恵ナリ岳父ノ恩ナリ。遂ニ其馬ヲ買フ。幾モナクシテ簡馬ノ期至ル。一豊乃騎シテ京ニ入ル。風骨峻爽。鬣ヲ奮フテ一タビ嘶ク。信長望ミ見テ驚テ曰ク。彼何ノ処ヨリ此乗ヲ獲タルヤ。一豊進ミテ具サニ其故ヲ告グ。信長歎ジテ曰ク我家士多シ。而シテ一馬ヲ買フコト能ハズ。実ニ上国ノ恥ナリ。汝落魄シテ我ニ帰シ。乃能ク此非常

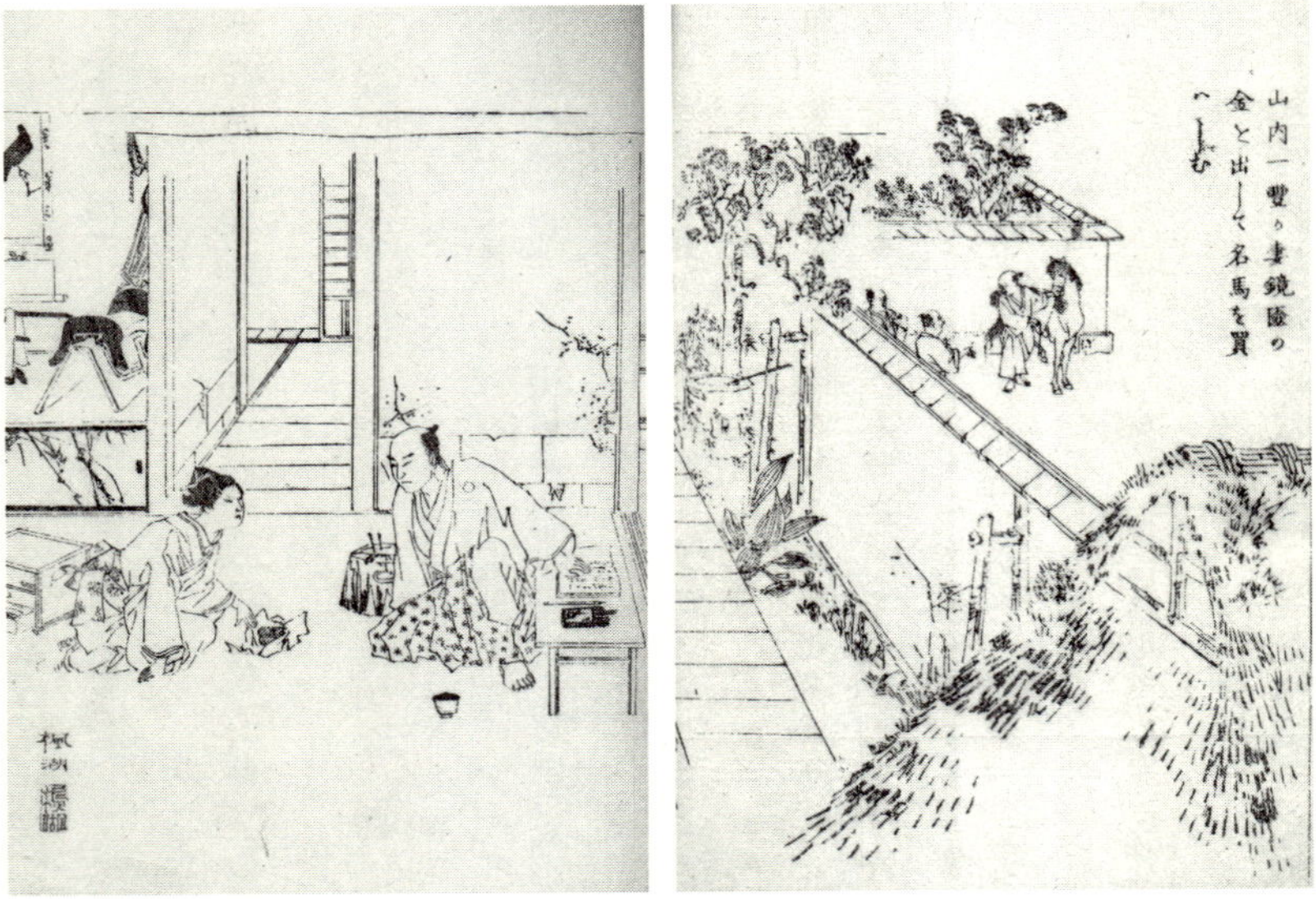

図３-①　「山内一豊か妻鏡匳の金を出して名馬を買ハしむ」図（『幼学綱要』より）
明治15年（1882）に刊行された『幼学綱要』の巻之二「和順」の項目に掲載の山内一豊の妻の物語に添えられた松本楓湖による挿絵。

ノ挙ヲ為シ。以テ我恥ヲ雪グ。武夫ノ心ヲ用ルコト。此ノ如クナルベカラザラムヤ。其禄ヲ増シ。遂ニ之ヲ任用ス。[7]

物語の内容は江戸時代に新井白石が著した『藩翰譜』、室鳩巣の『鳩巣小説』、湯浅常山の『常山紀談』のものをほぼ踏襲している。若干の変化点があるとすれば、それは一豊が妻の「嶽父」に感謝の意を述べている件だろうか。そして、この『幼学綱要』における一豊と妻の逸話の最大の特徴は、図3-①に示した、一豊の妻が黄金一〇両を差し出している情景を描いた挿絵が掲載されているという点にある。

絵は見開きで掲載され、右側には山内家の塀の向こうに馬を売買する人びとの様子が描かれ、「山内一豊か妻鏡匳の金を出して名馬を買ハシしむ」との添え書きが為されている。そして左の屋敷内では、千代が箱から小判を取り出して一豊に差し出す様子が描かれている。ここに描かれた山内家の内部は、鞍などが雑然と置かれ、壁に入ったひびなどが一豊の貧しい様子を表している。窓辺で書物を読む一豊の先には、名馬が商われている様子が見えるようで、窮乏を歎く一豊の心情が察せられる絵となっている。そして、『幼学綱要』に掲載されたこの挿絵の一豊と千代の構図は、後世に大きな影響を及ぼすことになる。

肥大化する「賢妻・一豊の妻」のイメージ

実は『幼学綱要』は教科書としてはそれほど普及しなかったといわれている。この書籍は明治天皇からの下賜というかたちで地方に配布されたので、その数も一校につき一部から二部程度と少なく、また天皇からいただいたということで、桐箱に納められて丁重に扱われた結果、多数に熟読されることは少なかった。結局、明治二十一年(一八八八)には配布が停止され、教科書としての『幼学綱要』の歴史は終焉を迎える。

しかし、『幼学綱要』が後の教科書に与えた影響は大きく、明治十三年の改正教育令によって修身が筆頭教科に定められたこともあり、『幼学綱要』はその後の教科書の規範となってゆく。そして、それから第二次世界大戦が終結するまでの間、『幼学綱要』に掲載された山内一豊と妻の逸話は、修身や国語の教科書の中で採用されつづけた。

『幼学綱要』の挿絵を担当したのは松本楓湖(一八四〇〜一九二三)という茨城県出身の日本画家で、若い頃には尊王運動にも参加していたという人物であった。松本は日本史を題材とした絵画を得意とし、「小楠公於四条畷奮戦」「名和長年奉帝」「川中島合戦図」などの作品を遺している。松本が描いた挿絵には、妻千代が一豊に隠し貯めておいた金子を差し出す様子が描かれているのだが、この絵は『幼学綱要』以降の教科書にもその構図が踏襲されてゆくという特徴をみせる。逸話とともにこの挿絵の構図が受け継がれていったということは、山内一豊名馬購入の話が普及する上において大きな影響があったものと考えられる。

図３−② 『小学修身訓』より「黄金十両取出て一豊の前にをきけり」の図
著作兼発行者は当時衆議院議員で法制局長官であった末松謙澄（1855〜1920）。末松は幕末維新の長州藩の歴史をまとめた『防長回天史』の編纂などで知られる。

明治時代、教科書には早くも検定制度が導入され、明治三十五年から三十六年にかけて起こった教科書疑獄事件（教科書採用をめぐる贈収賄事件）を契機として、教科書の国定化が推進されてゆくが、そうした中にあっても、一豊と妻の逸話は変わらず採用されつづける。そして、そこには必ず千代が一豊に黄金を差し出す様子の挿絵が掲載されつづけていった。それは図３−②に示した明治二十五年の『小学修身訓』に掲載された一豊名馬購入譚の逸話の挿絵の如く、『幼学綱要』のものに類似した構図をもつ挿絵であった。[8]

ただ『小学修身訓』に掲載された挿絵をよく見ると、一豊は髭をたくわえ左手に扇子を立てて持って千代と正対しており、威圧感がある構図となっている。松本楓湖が描いた挿絵では、一豊は窓辺に置いた机に向かっていたところを千代に声を掛けられて振り向いた構図であり、しかも楓湖の絵には雑然として所々破損した一豊の家の貧しい様子が描かれているが、『小学修身訓』の挿絵では、この物語の重要な要素のひとつである山内家の貧困の様子は表現されなくなっている。一豊と千代の内助の功の物語は、その内容を継承しながらも挿絵による印象を微妙に変化させつつ受け継がれていったのである。

おわりに

物語としての「山内一豊名馬購入譚」の獲得

これまで述べてきたように、一豊と妻千代の物語は江戸時代に儒学者によって発見され、大衆に広まる素地が構築された後、明治維新を迎えて近代化教育が普及する中で全国的な展開をみせる。教科書という誰もが手にし、しかも児童生徒が最初に読むであろう書物に半世紀以上掲載されつづけたことで、その浸透度は決定的となった。そして、この〝お話〟の内容を読み手に効果的に印象づけ、物語の筋立てをより強く心に留めさせる挿絵の存在が、山内一豊と妻千代のイメージを肥大化させてきた。

山内一豊名馬購入譚は当初、伝聞の形態をとって世に出され、かつ儒者の志向に沿って物語として熟成され、そして教科書という広汎な頒布を可能にする媒体を介して一般化された。その意味においては、山内一豊と千代の物語はきわめて意図的に精製された産物であることがうかがい知れるわけだが、これを「政治性」や「つくられた伝承」といった枠組みのみで捉えてしまうことにはやや違和感をもつ。

元来、文字化され物語化された史料の有益性については、これを重視しない態度が歴史学などでは大勢を占めてきた。その意味においては、山内一豊名馬購入譚などは歴史研究的には採るに足らない史料であると言えよう。しかし、文字として固着された伝承や物語が、我々の歴史や民俗に与えた影響は計り知れない。

学校制度の拡充と教科書という媒体の介在がある以上、山内一豊名馬購入譚は、主に近代化以降の枠組みの中で伝播してきたものであろうし、この物語が人びとに語られるようになったのも、そうした要因の影響抜きには考えられない。そして、それは文字教育の浸透とともにあったこともまた見逃せない事実である。ただし、それは同時に、人びとが「内助の功」という物語を、自らのものとして獲得してゆく過程でもあった。

当初ある意図をもって提供されたテキストが、読み手によって咀嚼されて次々と伝播してゆく過程で、そのテキストは人びとに共有される物語となり、やがて史話として認知されるべき存在になる。山内一豊名馬購入譚は、史実としては必ずしもその存在を定置できない。しかしながら、これを語りとして保有し「名馬」「一豊の妻」「内助の功」といったキーワードで結び付け得るまでに成熟させたのは、伝承の力にほかならない。

物語を受け止める側の物語

歴史上名のある人物は、後世にまでその人生をさまざまなエピソードで語られる。武将や高僧、女傑など、その数は枚挙に遑がないが、そのすべてが必ずしも歴史的事実に裏打ちされた話ではないという点にも注意しておく必要がある。

歴史研究を進める立場にあって、伝説的に語られる逸話について検証する場合は、同時代の史料を精読してこれに当たることが常套手段であり、それによって虚虚実実の逸話の背景をつまびらかにする作業が求められるのだが、ではそうした作業の結果、累代にわたって語り継がれ書き連ねられてきた逸話に、資料的裏付けが得られぬとの結論が提示された場合、その逸話は単なる虚報として処理されてしまうべきものなのであろうか。

山内一豊と千代の物語は、修身の教科書に取り上げられることによって広く普及するというやや特殊な展開を遂げるが、歴史の教科書にまでその範疇を広げるならば、それは決して稀有な例ではない。山田長政や楠木正成など、戦前の教科書では英雄とされた歴史上の人物は、戦後にはその扱われ方が異なっている。また一方で平清盛や足利尊氏といった戦前には悪役的扱いを受けた人物たちの事績については、今なお否定的に語られる向きもある。

第二次世界大戦後の教育改革以降、一豊とその妻の物語は教科書から姿を消すことになるし、同様に教科書に取り上げられなくなった歴史物語はいくつもある。歴史はそれを運用する時代の鏡とも言われるが、ある時代には英雄視された人物が、世相の移り変わりと史観の変遷によって全く脚光を浴びなくなることもしばしば起こりうる。問題は、これら提供されたテキストが、人びとにどのように受け止められ、それがどのように展開したかという点にあるのだ。

註

（1）渡部淳『検証・山内一豊伝説―「内助の功」と「大出世」の虚実』（二〇〇五年　講談社現代新書）四二頁等参照。
（2）大嶌聖子「名馬購入譚の虚実」（『山内一豊のすべて』二〇〇五年　新人物性来社）参照。
（3）『新編藩翰譜』第三巻（一九七七年　新人物往来社）三五三～三五四頁参照。
（4）『常山紀談　本文編』（一九九二年　和泉書院）五二～五三頁参照。
（5）『続史籍集覧』第六冊（一九三〇年　近藤出版部）六四～六五頁参照。
（6）中村淳「〈土人〉論―「土人」イメージの形成と展開」（篠原徹編『近代日本の他者像と自画像』二〇〇一年　柏書房）参照。
（7）『幼学綱要』巻二（一八八二年　宮内省）三～五頁所収。
（8）『小学修身訓』巻之下（一八九二年　精華堂）所収。

第四章　石田三成―義の武将が誕生するまで―

はじめに

関ヶ原合戦と石田三成

関ケ原は、日本の歴史上もっとも有名な合戦場のひとつとして、多くの人びとに記憶される場所である。戦国時代最末期の慶長五年(一六〇〇)九月十五日、綺羅星の如き武将たちが、奇しくも日本の東西を分けるこの地に集まり、徳川家康(一五四二～一六一六)を盟主とする東軍と、石田三成(一五六〇～一六〇〇)らに率いられた西軍とに分かれて、雌雄を決すべく戦ったのである。東西両軍合わせて二〇万近い数の軍勢が、関ケ原という場所に集まり、そこに家康や三成をはじめ、福島正則や黒田長政・藤堂高虎・井伊直政・本多忠勝・島左近・宇喜多秀家・大谷吉継・島津義弘・小早川秀秋など、あまたの勇将名将が在陣した。長く続いた戦乱の世を締めくくる一戦として、関ケ原はまさに最高の舞台であった。

今、関ヶ原合戦の古戦場には、両軍の武将たちが陣を張った場所が、それぞれに史蹟として整備され、その地に立てばあたかも往時を偲ぶが如き風景を目の当たりにすることが出来る。徳川家康が陣を動かした地点には、順番に桃配山の最初陣跡と軍を前進させた床几場の最後陣跡にそれぞれ石碑が建ち、石田三成が陣を張った笹尾山にも、陣跡

写真４−①　関ヶ原古戦場碑三成陣地（岐阜県関ケ原町関ケ原）

関ヶ原古戦場は昭和６年（1931）に周辺30.6町歩が国史蹟に指定され、昭和11年から三成陣地のほか徳川家康最初陣地と最後陣地や烽火場などへの石柱建設事業が進んだ。

や決戦地の石碑が建てられている。こうした陣跡は江戸時代には既に知られていたようで、近代以降史蹟整備の手が入り、次第に現在のような景観となっていった。つまり関ヶ原合戦の様相は、昔から語り継がれていたのである。

関ヶ原合戦は、いろいろな意味において実にドラマチックな戦いであった。関ヶ原合戦を契機として後の日本の歴史は大きく動き、関ヶ原合戦から大坂の陣を経て、世の中は幕藩体制によるおよそ三百年の太平の時代を迎えることとなった。また関ヶ原合戦の結果は、後の世の在り方に大きな影響を及ぼした。特に戦国時代を戦い抜いた武将たちにとっては、関ヶ原合戦が全国的に大規模な領地配分が行われた最後の戦いであり、その結果は各大名の支配地の石高やその地位、そしてその家臣たちの序列などに反映されていった。

関ヶ原合戦の勝利者の側に与した者たちには、それぞれに恩賞が与えられ、それは中途で何らかの不行跡などを起こさぬ限りにおいて幕末までその子孫へと受け継がれた。それ故に、関ケ原での戦いは勝利者の子孫にとっては自身の繁栄の礎を築いた大いなる業績であり、大名たちは藩祖の偉業としてこれを賞賛し、その家臣たちも概ねこれに倣った。そのため関ヶ原合戦の様相は、先祖の栄光を伝えるものとしてさまざまな形で記録に残された。各地の大名が描かせた関ヶ原合戦図屛風がそれであり、また合戦の模様を記した軍記や関ヶ原合戦の各陣営の布陣図などもこぞって作られ、それらは先祖の活躍を伝える格好の教材となった。このようにして、関ヶ原合戦は自分たちの今へと連なる物語として、年月を経るごとに次第に理想化されていったのである。

しかし、関ヶ原合戦を物語として受け止めたのは、戦いの勝者の子孫たちだけではなかった。戦国時代に活躍した武将の逸話を記した書物などは、江戸時代を通じて数多く世に出され庶民の間にも受け入れられており、軍記物や絵図面など、さまざまに制作された関ヶ原合戦に関する資料を元に、これを歴史物語の一つとして受け止める層は確実に成長していった。そして関ヶ原合戦は、殺伐とした戦場の描写とは別に、歴戦の武将たちが互いの武功を懸けて刃を交えた、勇壮ないくさ物語の世界として華麗に再構築された。

敵の大将に祭り上げられる石田三成

史実として、慶長三年（一五九八）の太閤秀吉の死から関ヶ原合戦に至るまでの道程は、次に天下の覇権を握る者を定める暗闘の連続であった。その中心にあったのは、後に幕府を開いて天下人となる徳川家康だったが、慶長四年の加藤清正や福島正則ら七人の武将による石田三成襲撃と、その結果としての三成の失脚と佐和山城への退去、そして家康による会津の上杉討伐軍の出陣と、その間隙をぬっての石田三成の挙兵という歴史の流れは、家康と対峙するもう一方の当事者が石田三成であることを示していた。そして関ヶ原合戦では、あたかも徳川家康対石田三成という構図が生まれたかのように後世にはみられるに至った。

関ヶ原合戦の時点で石田三成は四十一歳、対する徳川家康は五十九歳である。家康は正二位内大臣の官職を得ており、その所領も関東などにおよそ二五〇万石と、豊臣家を除けば破格であった。一方の三成は従五位下治部少輔、所領は近江佐和山に二〇万石程といわれている。石田三成は、豊臣政権下では五奉行の一人として辣腕を振るっていたが、百戦錬磨の家康と正面切って戦うにはあまりにも非力であることは否めなかった。しかし、徳川方の勝利に終った関ヶ原合戦の後、石田三成は戦乱を起こした首魁として処断されたのである。

一方で、豊臣家本体は合戦後も健在であり、西軍の総大将であった毛利輝元も、またこの戦いの発端をつくった上杉景勝も、所領を大幅に減らされたが大名としては残存した。関ヶ原合戦は、これほど大規模な軍勢同士の衝突があったにもかかわらず、戦後処理としてはその罪の大半を石田三成に着せて終結した。

この戦いの歴史的な意味については、当時のさまざまな政治的要因に目を向けなければ、その根本を知ることは困難と思われるが、この戦いが後世に語られるいくさ物語となっていったこととともに、戦いの勝者として後の世に位置付けられてゆく徳川家康に対して、石田三成が他方の極地に立つ人物として着目されたことは、この物語が語り継がれてゆく上で大きな意味をもったものと考えられる。

以下本章では、関ヶ原合戦の一方の当事者として、そして同合戦の敗者として語られる石田三成という人物に対する後世の評価や語りの部分から、世相の変化を吸収することで形成される戦国武将をめぐる伝承文化の変遷の様相を追ってみたい。

一　貶められる三成と称賛される三成

江戸時代の石田三成評

徳川氏が政権を担っていた江戸時代、全般的に石田三成の評判は芳しくない。江戸幕府の正史と位置付けられる『徳川実紀』はもとより、学者政治家として客観的な視点をもつ新井白石（一六五七～一七二五）が諸大名の由緒や事績をまとめた『藩翰譜』や、儒者の湯浅常山（一七〇八～一七八一）が戦国武将の逸話を集めて編纂した『常山紀談』など、江戸時代に著された書物を見ても、石田三成に対する肯定的な評価は少なく、関ヶ原合戦に関する記述を中心に三成の事績が淡々と記されるに留まる。頼山陽（一七八〇～一八三二）の『日本外史』では、関白豊臣秀次の無残な最期や加藤清正に対する讒言などをすべて三成の謀略と断じ、その悪事をあげつらうかのような記載がみられる。

関ヶ原での勝利は徳川家にとって家運隆盛の吉祥であり、また江戸幕府にとっては自らの政権の正統性を担保するための重要な歴史的事実であった。それ故に関ヶ原合戦の敵対者であった石田三成の評判は、貶められこそすれ持ち上げられることは決してなかったものと推察される。このことは、逆に江戸幕府の滅亡後に強烈な反作用を及ぼし、三成の復権を促すことになる。

江戸時代というのは、関ヶ原合戦後の戦後処理の結果各地に配置された大名の在り方が幕末まである程度反映された時代であり、関ヶ原での勝利というものは、東軍に属した徳川家以外の大名たちにも理想化されて受け継がれ、それは大名の家臣たちにとっても等しく影響した。それ故に、徳川家や幕府の直臣ではない武士たちの間でも、石田三成への肯定的な評価が為される土壌は少なかった。

三成を捕えた武将・田中吉政家臣の子孫が探したもの

滋賀県長浜市木之本町古橋の高橋家に伝わった古文書に「石田三成生捕覚書」という記録がある。古橋は、関ヶ原合戦で敗退して戦場から逃亡した石田三成が捕縛された場所と伝えられるが、この記録によると、嘉永七年（一八五四)四月十三日に、越前の家中大関彦兵衛と田中勘助と名乗る武士が帰国の途中に古橋を訪れ、「むかし石田のいわれ」を尋ねたという。彼らに曰く「我先祖田中伝左衛門由来に、古橋村名主次左衛門縁の下に居る石田三成ヲ生捕たと書て有故、此方ニ其いわれ書たるものハなき哉、其節の品物てもなき歟、何ぞ言伝への事ハなき哉」と話し、彼らの先祖田中伝左衛門が古橋村で石田三成を捕縛し功績をあげたと伝わるので、それにまつわる品が古橋に残されていないか探しに来たのだという(1)。

関ヶ原合戦の後、石田三成を捕えたのは徳川方の武将田中吉政(一五四八~一六〇九)で、彼はその功績により筑後柳川三二万石を獲得している。田中家は、跡を継いだ子の忠政の代で後継者が絶えたため、元和六年(一六二〇)に改易されているが、田中吉政の名は、石田三成の捕縛者としてその後も数々の記録に留められている。逸話では、三成は吉政とは旧知の間柄であったので心を許して捕われ、降将として遇した吉政に対し、三成は太閤秀吉から賜った脇差を授けたという。この脇差は後に「石田貞宗」と呼ばれるようになる。

実際に三成捕縛にあたった武将の名は、田中家家臣の田中伝左衛門と澤田庄左衛門であったことが、松平忠冬(一六二四~一七〇二)が著した『家忠日記増補追加』などに掲載されている。件の大関彦兵衛と田中勘助の両名は、先祖である田中伝左衛門の事績を探索して古橋を訪れていることから、石田三成捕縛の経緯は当時広く流布していた話であったものと考えられる。

関ヶ原合戦において石田三成を捕縛したという田中吉政の武勲は、田中家が取り潰された後も喧伝されつづけた。田中伝左衛門の事績を追った子孫の武士たちもまた、先祖の武功に対し何らかすがるものがあったのかもしれない。彼らにとって石田三成は、自分たちの先祖の栄光と引き換えに捕えられるべき大罪人でなければならなかった。

渡邊世祐による『稿本石田三成』の刊行

ところが近代以降、従前とは異なる価値観で歴史を概観しようという動きが起こると、それと呼応するかのように、江戸時代には徳川氏への遠慮などから注目されなかった歴史上の人物への再評価がなされるようになり、石田三成への人物評にも劇的な変化が起こる。

明治三十三年（一九〇〇）、関ヶ原合戦三百年を記念して関ケ原の古戦場で戦歿者を供養する法要が営まれた。その祭壇には西軍を率いた石田三成の肖像が掲げられたが、その絵は京都画壇を率いた岸駒の孫で、岸竹堂の弟子である岸勝が描いたものであった。頭巾を被った端正な姿の石田三成像は、その後、旧彦根藩井伊家家臣の田中左門によって、三成ゆかりの佐和山城旧跡の麓にある龍潭寺に寄進された。この田中左門は、関ヶ原合戦で敗北した三成を捕えた武将田中吉政の一族の末裔であったという。明治維新以降、石田三成は関ヶ原合戦を戦ったもう一方の勇者として、復権する兆しをみせていたのである。

写真４−②　石田三成像（龍潭寺蔵）
関ヶ原合戦三百年の明治33年（1900）に関ヶ原古戦場で催された戦没者供養の法要に際して描かれた三成の肖像画。作者は京都画壇の岸派の絵師岸勝。

明治時代に歴史家の水主増吉が著した『石田三成及其時代の形勢』という書物では、「夫れ徳川氏の世、碩学鴻儒頻々輩出す、而も一人の又薫狐の筆を揮ふて、三成の為に其冤を雪ぐものあるなし、豈悲しからざらん耶」と記して、石田三成が徳川幕府の下では誰からも顧みられることがなかったことを嘆いている。同書では、「何ぞ知らん年所を経る三百有余年、島津毛利等当時三成に与して豊臣氏の為に戦ひたる巨族俊豪の子孫が、当年の難敵家康の末裔徳川幕府を覆滅して、天日を将頽に挽回し、以て王政維新の今日を現出せんとは、是れ謂ふ所の天運循環なるものに非ずや、三成にして識るあらば地下夫れ或は一笑して瞑目せん歟」と、薩摩の島津と長州の毛利によって徳川幕府が倒された戊辰戦争が関ヶ原合戦の復讐戦であり、王政復古はあたかも石田三成が企図したかのように語られている点が興味深い(2)。

こうした三成復権の動きを決定づけたのが、日本史学者の渡邊世祐(一八七四～一九五七)によって明治四十年に刊行された『稿本石田三成』であった。渡辺は、三菱や三井などで活躍した実業家の朝吹英二(一八四九～一九一八)からの依頼を受けて石田三成の研究に着手し、東京帝国大学教授で日本史学者の三上参次(一八六五～一九三九)の協力を得て同書を完成させた。東京大学の史料編纂掛(後の東京大学史料編纂所)にも勤務した渡邊は、石田三成に関する史料の分析を通じて三成の実像に迫り、三成の事績を歴史的に検証する先鞭を為した。

『稿本石田三成』の冒頭には、渡邊に三成研究を依頼した朝吹英二が記した序文が掲載されている。朝吹は「三成は、其人となり、才智に富み、其志忠誠なり。而して、当時最も優勢なる家康に拮抗せんと期せし其壮烈なる志に対しては、又他に多く儔を見ず、決して尋常史家の伝ふるが如き人物にはあらざりしならんと。蓋し、三成の豊太閤に用いらるるや才気縦横事に当り、為に同僚の怨望を招き、徳川家康の畏憚する所となれり。而して、後世の史家、多くは徳川氏に対し、家康を尊崇するの道、唯一意三成を貶するにありとなし、毒筆到らざるなく、悪言及ばざるなきを恐るるものの如し」と述べて、石田三成の名誉回復に対し並々ならぬ決意をみせている(3)。こうした朝吹の見解は、渡邊の客観的な研究成果とともに、その後の石田三成評に大きく影響を及ぼしてゆく。

忠義の武将として復権する石田三成

明治から大正・昭和を生き抜いたジャーナリストの徳富猪一郎（蘇峰：一八六三～一九五七）が、大正七年（一九一八）から三十年以上の歳月をかけて完遂させた全一〇〇巻の歴史書『近世日本国民史』でも、石田三成は高い評価がなされている。特に、関ケ原での決戦に臨む三成の気概について「真に家康を相手として、天下を争はんとしたる気魄ある者は、只だ石田三成のみであつた」とし、三成にとって関ケ原の一戦は敗れてもなお名誉であったと評している。徳富は「三成の名は、三百年間、智者からも、愚者からも、賢者からも、昧者からも、憎悪、侮蔑、非難、攻撃の標的となつてゐた。徳川本尊の御用学者のみでなく、何人も三成を佞豎、奸諂の嬖臣と目してゐた」と断じる一方で、徳川（水戸）光圀だけが「一隻眼を具へてゐた」として、光圀の石田三成に対する評を紹介している。(4)

水戸黄門として後世よく知られるようになる徳川光圀（一六二八～一七〇〇）は、徳川家康の孫であり水戸徳川家の当主であった人物で、『大日本史』の編纂を通じて水戸学の祖を為し、水戸学の思想は幕末の尊王攘夷運動に少なからぬ影響を及ぼしたのであるが、光圀は石田三成について「石田治部少輔三成はにくからざる者也、人各其主の為にすといふ、義にて心を立事を行ふ者、敵也ともにくむべからず、君臣共に能可心得事也」と語ったという話が、その事績をまとめた『桃源遺事』に記されている。(5) この逸話は光圀が君に対する臣のあり方について述べたもので、三成のほか真田幸村や明智光秀や由井正雪など、歴史上の人物との対比の中でこれを評しているのだが、後世には光圀が「石田治部少輔三成はにくからざる者也」と語ったという部分だけが誇張され、徳川家の人間である光圀が石田三成に心を寄せていた例として、上野館林藩士で勤王家の岡谷繁実（一八三五～一九一九）が幕末に執筆した『名将言行録』などにも紹介されている。

この水戸光圀の逸話はよく知られた話であったらしく、幕末維新に活躍した西郷隆盛（一八二七～一八七七）は、関ヶ原合戦を題材にした「東西一決戦関原　鬢髪衡冠烈士憤　成敗存亡君勿問　水藩先哲有公論」という漢詩を詠み、そこに「水藩先哲」と水戸藩主であった光圀による三成評があったことを込めている。

渡邊世祐に石田三成の研究を依頼した朝吹英二は、福沢諭吉を育んだ豊後国中津藩の領内で生まれ、青年期には尊王攘夷思想にかぶれ、洋学を志向する福沢諭吉の暗殺を企んだこともある人物であったという。光圀の三成への評価は、『名将言行録』への記載のほか、水戸学の伝播と尊王攘夷運動の広まるあたりからやがて西郷隆盛や徳富蘇峰らの知るところとなり、朝吹英二に影響を与え、その情熱は石田三成復権への動きに転化されていったのである。

二　郷土の偉人としての石田三成顕彰の動き

石田三成出生地・石田村での顕彰活動

昭和十六年（一九四一）十月、滋賀県坂田郡北郷里村石田（現・長浜市石田町）に石田三成公事蹟顕彰会が結成された。翌十一月には、「石田治部少輔出生地」と記された巨大な石碑が石田の地に建てられ、文部大臣代理の中村一良図書監修官や近藤壌太郎滋賀県知事、池崎忠孝文部参与官、そして作家の吉川英治らを招いて盛大な建碑式が執り行われた。碑の題額は文部大臣橋田邦彦の書、裏面に刻まれた石田三成の事績を記した碑文は滋賀県知事近藤壌太郎の書で、文面の撰者は『稿本石田三成』を世に送り出した文学博士渡邊世祐であった。碑文には「徳川氏ノ覇業二百六十余年ノ間、家康ノ業績ヲ飾ランカ為、故ラニ三成ヲ奸邪ト貶シ小人ト譏ルト雖、是実ニ事ノ成敗ヲ以テスル俗論ニ外ナラス、三成カ旧恩ヲ念フコト深ク、主家ニ報ユルニ勇ナリシノミナラス、為政者トシテモ亦高邁ナル識見ヲ有シ、治績大イニ見ルヘキモノアリ」との文言が記され、徳川幕府の時代に石田三成の評判が不当に貶められてきたことが改めて強調された。

この坂田郡石田村は、石田三成の出身地として古くから知られていた。例えば、寛政四年（一七九二）に著された近江の地誌『淡海木間攫』には、石田村の項に「此村ヨリ石田治部少輔三成出タリ。幼少ノ時、寺院ニ属セリ。豊臣公、其才知ノ群ニ秀タルヲ愛テ、嬖幸ノ臣トナレリ。委ク諸書ニ顕レタリ。慶長五年、逆乱ニ依テ神祖ノ為ニ滅セラル」との一文が記されている(6)。琵琶湖の北東、滋賀県の湖北と呼ばれる地域には、この石田をはじめ石田三成に関係する史跡やそれらにまつわる伝承が、数多く残されている。

写真4－③　石田治部少輔出生地碑（滋賀県長浜市石田町）

三成の出身地である滋賀県の石田村に昭和16年（1941）に建てられた石碑。裏面には『稿本石田三成』の著者渡邊世祐による三成賛辞の言葉が刻まれている。

石田三成と近江湖北

石田三成は、永禄三年（一五六〇）に坂田郡石田村で在地の土豪石田正継の次男として生まれたといわれている。その頃の湖北は浅井氏の勢力が伸長していたが、近隣国の美濃や尾張では、織田信長の台頭によって時勢が大きく動こうとしていた。そして、元亀元年（一五七〇）の姉川の戦いと、その後の浅井氏の滅亡によって湖北をめぐる趨勢も移り変わり、三成の運命もまた大きく開かれてゆくことになる。

浅井氏滅亡の後、信長の命を受けて湖北を統治したのは羽柴秀吉（後の豊臣秀吉）であった。秀吉は長浜城を築城して新たな国づくりに着手してゆくが、その過程で三成は秀吉にその才覚を見出され家臣となる。三成は秀吉の帷幕にあって次第に活躍の場を広げてゆき、殊に天正十年（一五八二）に織田信長が本能寺の変で最期を遂げて以降は、次なる天下の覇権を狙う秀吉を支え、賤ヶ岳の戦い（一五八三年）や小牧長久手の戦い（一五八四年）などを戦い抜き、秀吉の天下統一事業推進に尽力する。そして、天正十三年、秀吉が関白となって天下人としてその地位を固めた時には、三成も従五位下治部少輔に叙任される。その後も三成は、九州での島津氏との戦いや関東の北条氏との戦いに臨む一方で、豊臣政権の基盤整備を進めてゆく。

石田三成が再度、近江湖北と深く関わるようになるのは、佐和山城主となった文禄四年（一五九五）頃からである。この年、秀吉の後継者と目されていた甥の関白秀次が高野山で自刃に追い込まれ、豊臣政権内部では大きな構造改革が行われている。佐和山城を得た三成は、豊臣政権の次代を担う能吏として次第に頭角を現してゆく。また一方で、知行する湖北の村々に掟を発行してきめ細かい民政に着手している。三成の出した九カ条あるいは一三カ条からなる掟書は数点が現存し、為政者としての三成の性格を垣間見させる。

石田三成の立身とともに、その一族の運命も大きく変転した。三成の父石田正継は、元は坂田郡石田村付近に勢力を張る在地土豪であったとみられている。当初は「十左衛門尉」を名乗っていたが、後に「隠岐」と称するようになる。豊臣政権内での重責を担っていた石田三成は、政務を大坂などで執る必要性から所領のある佐和山に在城することはほとんど無かったが、その代わりに佐和山城にあって領内を治める仕事を担ったのが正継であった。正継は大原観音寺に制札を下すなど領内の治安維持に努める一方、京極氏や浅井氏以来の有力土豪上坂氏との厚情を深める書状

写真４－④　佐和山城址（滋賀県彦根市佐和山町）
「三成に過ぎたるもの」と謳われた居城佐和山城の跡。佐和山城は北国東国と京大坂とを結ぶ街道沿いに位置し、戦略上の重要拠点として戦国時代にはたびたび争奪の的となった。

を交わすなど、佐和山城にあって湖北の治世に尽力した様子が、残された資料からうかがわれる。

また、三成の兄石田正澄も秀吉の家臣として堺奉行などを務めるなどし、後に従五位下木工頭に任官している。正澄もまた湖北の地にその所領を得たとされ、伊香郡古橋村（現・長浜市木之本町古橋）などには、正澄が発給した文書などが伝えられている。石田三成の父正継と兄の正澄は、三成の湖北統治や豊臣政権での活動を支えた。

慶長三年（一五九八）八月、秀吉が伏見城で没すると豊臣政権内部は激しく動揺する。徳川家康による政治的攻勢などで各地の大名の思惑が複雑に交錯する中、石田三成は政権の維持に尽力する。しかし、加藤清正らによる襲撃事件を期に三成は失脚し、慶長四年閏三月、佐和山城への退去を余儀なくされる。その後、三成は徳川家康が上杉家攻めのため東国に出陣した機会をとらえて挙兵し、宇喜多秀家や毛利輝元、大谷吉継らを味方に引き入れて家康側と対抗し得る体制を整え、慶長五年九月十五日、関ヶ原にて決戦のときを迎える。三成は家康率いる東軍に数では勝る兵力を集結させてこの戦いに臨むも、あえなく敗北する。

関ヶ原合戦での西軍敗北の二日後の九月十七日、佐和山城は東軍の猛攻を受けて落城する。最後まで城を守った石田三成の父正継や兄の正澄は、一族とともに自刃する。三成も後に捕えられ、京都の六条河原で斬首される。享年四十一であった。こうして石田一族は滅亡する。

追跡される石田三成ゆかりの史跡

近江湖北の地には石田三成をめぐる史跡や伝承が多くある。それは、三成を輩出した石田一族の根拠地が現在の長浜市石田町付近にあったことにもよるのだが、三成の所領が佐和山城と湖北の地であったということと、関ヶ原で敗れた三成が、山中を逃れて最後にたどり着いたのが湖北であったこととも関係している。

三成を輩出した石田氏は、現在の長浜市石田町付近を根拠地とした土豪であったと考えられていることは既に述べたが、石田町には、土豪であった石田氏の屋敷跡と推定される場所があり、そこには先に紹介した昭和十六年（一九四一）に建碑された「石田治部少輔出生地」の石碑のほか、西郷隆盛が三成を偲んで詠んだ漢詩を記した石碑などが建てられている。そのほかにも町内には、三成の産湯に使われたという井戸の跡や、三成にゆかりがあるとされる「治部」という小字名なども残されている。

郷土史家の中川泉三（一八六九～一九三九）が大正二年（一九一三）に編纂し、昭和十七年に改訂版が出された『改訂近江坂田郡志』には、「石田三成居阯」として「北郷里村大字石田の西南に小字名を治部と称する所あり。此所に治部池と称し、東西三間、南北五間五尺、周囲十八間餘の池ありて灌漑に便す。通称「堀バタ」と言ひ三成屋敷濠の残り

なりと伝ふ。又、小字に「的場」あり。当時武芸の修練場たりし所」などの記述がみられる。(7)

また、石田氏屋敷跡からやや東に鎮座する八幡神社の境内には、石田一族の供養塔が建ち、その周囲には石田氏のものとされる数多くの石塔が林立する。これについて『改訂近江坂田郡志』では、編纂者が実際に現地での踏査を行い、「「天文十四年正月十四日妙性□位」「永禄五年六月」「缶善全禅定門」等と曲谷石に刻せるも、完好ならざる為、果たして石田家一族の供養碑なるや早断を許さず」と述べている。(8) 現在ではこの供養塔の前で毎年秋に石田三成の供養祭が営まれている。

写真４−⑤　石田一族供養塔（滋賀県長浜市石田町）

石田町の鎮守である八幡神社境内の一角にある石田一族を祀る供養塔。毎年三成の命日である10月１日の前後にここで供養祭が催されている。

そして、長浜市石田町から長浜街道と呼ばれる旧道を東へ進み、横山に穿たれた観音坂トンネルを越えると隣の米原市朝日に至るが、ここには石田三成が羽柴秀吉と出会ったとされる大原観音寺がある。石田三成と秀吉との出会いは、「三献茶」のエピソードとして広く知られている。それは、長浜城主となった秀吉が、領内を巡察中に立ち寄った寺で茶を所望した際、寺の童子であった三成の巧みな茶の入れ方に感心して家来としたというもので、秀吉の能吏として活躍する三成らしさがよくうかがわれる逸話である。観音寺は石田三成の出身地とされる石田村からは横山を越えてすぐの所にあり、幼少の三成がこの寺に居た可

写真４－⑥　大原観音寺（滋賀県米原市朝日）
天台宗寺院で石田氏関係など貴重な古文書を多く有する。石田三成と羽柴秀吉が出会った三献茶の逸話の舞台ともいわれ、境内には三成が水を汲んだという井戸の跡もある。

能性は十分に考えられる。観音寺の境内には、三成が秀吉に茶を献じた際に水を汲んだ井戸の跡もあり、三成と秀吉の出会いについての伝承が今も語り継がれている。ただし「三献茶」の舞台は伊香郡古橋村の法華寺であったとする説もある。例えば、膳所藩士の寒川辰清が享保十九年（一七三四）頃に著した『近江輿地誌略』には、法華寺の項に「石田治部少輔三成幼少の時、手跡を此寺の三殊院に習ふといふ」といった記述がみられる。[9]

関ケ原での戦いに敗れた石田三成は、再起を図るべく山中を本拠地である近江の湖北方面に落ちのびたが、三成が逃走したとされる経路沿いには、三成にまつわる伝承がいくつか伝えられている。長浜市谷口町には、逃亡中の三成を手厚くもてなし、その礼に三成から短刀と石田の姓を授かったという屋敷の伝承がある。『東浅井郡志』には、「大字谷口にあり。関原戦争に於て、三成敗るるや、身を以て逃れ、伊香郡井口に赴く。途中上草野庄より、山路谷口に至り、一民家に就いて茶を求む。主人厚く之を遇す。三成感激して、石田の姓と短刀を与へて去る。現今の石田磯吉は其裔にして、先年洪水の為め、家屋流失して野神に移居し、其邸址に一碑を立てて之を証すと」との記載がみられる。[10]同家の末裔の家では、現在もこの逸話にゆかりの小祠を祀る。

このほか、石田三成が捕えられたとされる長浜市木之本町古橋には、石田三成捕縛にまつわる伝承がいくつか残されている。古橋の集落から山に分け入った先には、石田三成がその身を隠したという巌窟があり、また『近江伊香郡の昔話』には、「古橋村の人々は、心を一つにして三成をかくまっていたのに、他の村から養子に来ていた男が洞穴にかくしておいた三成の所在を密告した。だからよそ者を入れると、村人たちの団結がくずれるので、その後はよそから養子を取らないようになった」のだという古橋村の伝承が紹介されている(11)。また、長浜市石田町の石田三成公事蹟顕彰会が昭和四十一年に刊行した『読本石田三成』には、古老からの聞き取りとして、かつて石田村には総寄りという集会があり、その席上では「切支丹信者一人も無之候」及び「石田三成の末孫一人も無之候」と連記した総証文に、村中の者が署名捺印させられたのだという語りを掲載している(12)。

三　ゆかりの地における石田三成顕彰活動の進展

ふるさとの英雄としての石田三成

近代以降に沸き上がった石田三成復権の動きは、幕末の徳川家打倒の機運に端を発した前政権批判の文脈から説き起こされた観がある。水主増吉や朝吹英二の言葉はそのことを如実に示しており、渡邊世祐によってまとめられた『稿本石田三成』は、そのひとつの到達点とみることもできる。

石田三成に関する逸話は江戸時代の末には既に広く知られていた。例えば先述の『名将言行録』には、秀吉との出会いの際の三献茶の話や自身の禄の半分を出して島左近を召し抱えた話のほか、三成の才子ぶりがうかがわれるエピソードが幾つも採集されている。同書では三成を「勇智兼備の聞え、世以て賞美せり。諸大名の取次、天下の法政を司り故、威権赫奕として肩を比ぶる人なし」と賞するが(13)、この表現を逆に読めば、三成は各地の大名と天下人秀吉との連絡役を一手に引き受け、豊臣政権の法律や政治を掌握し、他の者が並びようもない程の権勢を誇った、才知におぼれた人物であったという江戸時代からの三成批判に直結する。その意味で近代以降の石田三成の復権は、徳川家の退潮と政権の交代によって起こった価値観の変転に伴い、江戸時代から集積されてきたその事績の読み替えが行われた結果であったともいえよう。

そして、石田三成の再評価が進むにつれて、三成にゆかりの土地では彼の事績を顕彰してゆこうとする動きが現れる。昭和十六年(一九四一)に石田三成の出生地とされる滋賀県坂田郡北郷里村石田に結成された石田三成公事績顕彰会はその先鞭ともいえるもので、同年十一月に建立された「石田治部少輔出生地」碑の碑文には、『稿本石田三成』を刊行し三成の再評価を促した渡邊世祐に撰を依頼し、渡邊はここに「郷国ノ有志其誠烈偉業ヲ景仰シ誕生地タル居館址ニ碑ヲ建テ之ヲ顕彰セント欲シ」なる一文を添えている。

さらに石田三成公事蹟顕彰会は、石田三成の物語をより視覚的に定着させるために「石田三成公御一代絵巻」の制作にも取り組む。顕彰会は京都の絵師高峰秀政に依頼して、石田三成の事績を描いた三七枚の絵と、これを解説する詞書をしるした全五巻からなる壮大な絵巻物をつくりあげた。第一巻には三成誕生から秀吉の家臣となるまでが描かれ、第二巻には三成が佐和山城主となり、秀吉死去後の徳川家康との確執が描かれる。そして第三巻では関ヶ原合戦の顚末が、続く第四巻では佐和山落城と石田一族の末路が描かれる。そして最終の第五巻には、戦いに敗れて山中をさまよう三成が、やがて捕われて最期を迎えるまでが描かれている。

昭和十七年に絵巻の制作を依頼された高峰秀政は、その年の十月から絵筆を執りはじめ、昭和二十八年にこれを完成させている。「石田三成公御一代絵巻」は戦中戦後の混乱期を挟んで十年以上の年月をかけて制作された大作と

写真4-⑦　「石田三成公御一代絵巻」（石田三成公事蹟顕彰会蔵）
顕彰会の依頼を受けた京都の絵師高峰秀政が11年の歳月をかけて昭和28年（1953）に完成させた全5巻からなる大作絵巻。場面は関ヶ原合戦後の様子を描いた「捕縛された三成」。

なった。緻密な色彩と瑞々しい詞書で構成されたこの絵巻によって、個別の逸話の集積であった石田三成の物語は、ひとつの一代記となったのである。

そのほかにも、石田で出生地碑の建碑がなされたその翌年に、三成の居城であった佐和山城址を抱える滋賀県彦根市では、『石田三成と佐和山城址』という書籍を彦根市立図書館から刊行している。同書には、彦根市立図書館長を務め昭和四十六年に彦根市の功労者（文化部門）として表彰される北野源治が深く関わっている。北野は、日露戦争の際にロシア国内の混乱を画策して死亡した彦根藩士の末裔の脇光三を烈士として讃える活動などに関与した人物だが、同書のまえがきには、石田三成の事績をまとめた動機として「青少年諸氏の読物として提供し聊かなりとも挺身報国、志気涵養の一端ともなり感奮興起の資ともならばと念願」したことなどが記されている(14)。

石田三成ゆかりの地でこうした活動が活発化した昭和十六年から十七年頃、日本国内は大陸での戦争の影を落とし、次第に戦時色が強まってゆこうとする時代で、三成の顕彰活動にも、そうした時局の影響が少なからず反映されていた。当時は日本という国が過分に国民に意識された時代であり、そうした世相にあって郷土にゆかりの偉人を顕彰することは、日本という国家のもつ歴史物語の中に、自分たちの郷土の歴史が如何に接続され得るかを探ろうとする動きでもあった。

継続される石田三成顕彰の動き

そして戦後、人びとの価値観は再び変転するが、郷土における石田三成の顕彰活動は、それまでの歴史研究や郷土教育での成果を受けながら、次代の人びとによって継承されてゆく。昭和十六年(一九四一)に三成の出生地の石田に結成された石田三成公事績顕彰会は、その後、昭和四十六年に財団法人としての設立が認可され、顕彰活動の一環として毎年石田三成の命日である旧暦の十月一日の前後に三成祭が催されている。三成祭では、石田一族の供養塔がある八幡神社の境内で供養の法要が営まれ、近年では石田三成のファンが全国から数多く訪れて、塔の前で焼香し手を合わせている。

また、この三成出生地の地元にある長浜市立北郷里小学校では、同顕彰会の協力のもと昭和四十一年に『読本石田三成』という副読本がつくられ、郷土の偉人である石田三成の事績に学ぼうという教育が行われてきた。この本は、京都大学教育学部教授で教育人間学を提唱し、二宮尊徳の研究などを手掛けた下程勇吉(一九〇四～一九九八)が監修をしている。北郷里小学校の玄関先には石田三成の像が置かれているが、その台座には、三成の事績から学んでいこうという意味の「三成承学」の文字が記されている。

戦前に彦根市立図書館から刊行された『石田三成と佐和山城址』は、その後、昭和四十九年に内容を一部改めて再版された。そして、彦根にも石田三成公顕彰会が組織され、佐和山城の史蹟整備が行われるなど、その活動は戦前にも増して活発になっている。そのほかにも、石田三成が羽柴秀吉と出会ったという三献茶のエピソードが語られる場所や、石田三成が田中吉政の手の者に捕われたという古橋などでは、その伝承が語り継がれ、近年ではこうしたゆかりの場所を訪れる人びとも数多い。このようにして、戦前に国家の歴史物語との接続を志向して始められた各地での石田三成の顕彰活動は、戦後には、地元の英雄としての三成にスポットを当てることで、郷土への思いを育み、自分たちのふるさとの歴史や文化を見つめ直す契機として取り扱われるようになった。

おわりに

石田三成にゆかりのある各地では、地元の博物館の活動や郷土史家の研究によって、その事績についての研究が大きく前進した。それは渡邊世祐らが取り組み、あるいは中川泉三などによる郷土の地誌の編纂によって集積された史料の精査とともに、新出史料の発見、そして地元に残されていた伝承の検証という作業によって為された成果であった。

そして近年、石田三成の人物評をめぐって新たなキーワードが現れている。それは「義」という一文字で表される傾向があるように見受けられる。近代以降の三成再評価の流れは、江戸時代の三成についての否定的な言説と表裏をなす形で行われてきた。それは豊臣政権の能吏として秀吉の天下統一事業を支えた三成の才知を捉えたものであったが、そこに関ヶ原合戦で徳川家康に果敢に挑み、豊臣家への忠義を貫いたという要素が加味され、三成を義に殉じた武将とみる傾向が強まったのである。その背景には、関ヶ原合戦に対する歴史研究の進展と一般への理解の浸透があったことも要因の一つであろう。

歴史学者の小和田哲男は、関ヶ原合戦を「「天下は実力ある者のもちまわり」と考える家康と「戦国乱世は終わった。秀頼殿への世襲で大丈夫」と考える三成との考え方のちがいから引き起こされた」と分析し、「三成にとっては、家康を討つことが「義挙」であった」と説く。[15] また三成ゆかりの地長浜で歴史研究の深化に努めてきた太田浩司は、「三成の主導した豊臣政権の改革は、まさに日本近世への「構造改革」であり、これなくして、日本は新たな時代を迎えることはできなかった」とその事績を評価し、「社会は「忠義」や「友情」では動かない。社会を正そうとする「正義」のみが、国や社会を変えていくと私は信じたい、三成には、それがあった」と締めくくる。[16]

義挙や正義といった、「義」という語を含んだ言葉によって総括された石田三成の行動規範は、三成を「義の武将」と捉える気風を加速させた。そして石田三成には、関ケ原での敗戦という悲劇性が付加されて、才知ばかりではない新たな戦国の英雄像が醸成されるに至ったのである。

こうした影響を受けてか、昨今のドラマやアニメ、ゲームや漫画などの媒体に登場する石田三成には、クールでかつ愁いを帯びた表情のキャラクター設定のものが少なくない。そして、多様な媒体を通じて語られる石田三成の生き様に惹きつけられた人びとは、その人物像に深く共感をおぼえ、あるいはその源泉を求めてゆかりの地を訪れ、地元に残されている歴史や伝承に触れることで、さらなる発見に心を躍らせるようになった。ここに、地域の英雄として育まれた石田三成事蹟顕彰の成果と、架空の世界から起立した石田三成を愛好する志向とが接続された。こうした活動によって石田三成の関連史跡は補強され、その存在は広く発信されて、また新たな需要を生み出している。

註

（1）『木之本町文化財調査報告書　古橋村高橋家文書調査報告書』（二〇〇二年　木之本町教育委員会）二〇頁参照。

（2）水主増吉『石田三成及其時代の形勢』（一九一〇年　魚住書店）六頁参照。

(3) 渡邊世祐『稿本石田三成』(一九二九年　雄山閣)二頁参照。
(4) 徳富猪一郎『近世日本国民史　家康時代』上巻(一九三五年　民友社)五〜六頁参照。
(5)『桃源遺事』巻之三(『続々群書類従』第三　一九七〇年　続群書類従完成会)三三七頁参照。
(6)『淡海木間攫』第三分冊(一九九〇年　滋賀県地方史研究家連絡会編)四八頁参照。
(7)『改訂近江坂田郡志』第三編(一九七一年　名著出版)二六七〜二六八頁参照。
(8)『改訂近江坂田郡志』第四編(一九七一年　名著出版)三九二頁参照。
(9)『新註近江輿地誌略』全(一九七六年　弘文堂書店)一〇六〇頁参照。
(10)『東浅井郡志』巻弐(一九二七年　滋賀県東浅井郡教育会)八二四〜八二五頁参照。
(11) 馬場秋星『近江伊香郡の昔話』(一九九一年　イメーディア・シバタ)五三頁参照。
(12)『読本石田三成』(一九六六年　石田三成公事蹟顕彰会)一一九〜一二〇頁参照。
(13)『定本名将言行録』中(一九七八年　新人物往来社)三六三頁参照。
(14)『石田三成と佐和山城址』(一九四二年　彦根市立図書館)二頁参照。
(15) 小和田哲男『石田三成「知の参謀」の実像』(一九九七年　ＰＨＰ研究所)一九四〜一九五頁参照。
(16) 太田浩司『近江が生んだ知将　石田三成』(二〇〇九年　サンライズ出版)一九二〜一九三頁参照。

第五章　長宗我部盛親—戦国武将の復権と勤王の志士—

はじめに

京都・蓮光寺の長宗我部盛親の墓

鴨川の西、京都市下京区富小路通六条上ルの本塩竈町にある浄土宗の寺院蓮光寺には、戦国武将長宗我部盛親の墓とされる五輪塔がある。その基壇には「長曽我部土佐守秦盛親之墓」との文字が刻まれており、また蓮光寺の門前には明治四十年（一九〇七）五月に有志者によって建てられた「長曽我部盛親公瘞首之地」と記された石柱が立っている。長宗我部盛親（一五七五～一六一五）は土佐の戦国大名で、慶長五年（一六〇〇）の関ヶ原合戦を石田方として戦い、敗北して領地を召し上げられ、慶長二十年（元和元年、一六一五）の大坂夏の陣には豊臣方として参戦してまたも敗れ、その後、捕えられて京都六条河原で処刑された人物である。

蓮光寺に長宗我部盛親の墓がある理由について寺伝では、「長曽我部盛親公は豊臣家のために再起を期し、京洛の地に大岩祐夢と号して寺小屋を営んでいた。この間、当山の時の住職、蓮光上人と親交があった。元和元年（一六一五）大阪夏の陣に敗れ、六条河原で斬首されるや蓮光上人は所司代板倉勝重に請い、首級を当山の墓地に葬って供養した。時に盛親公四十一才、法名を領安院殿源翁崇本大居士と諡した」としている(1)。

写真５−①　長宗我部盛親墓（京都市下京区本塩竈町・蓮光寺境内）
基壇の「長曽我部土佐守秦盛親」の「秦」の文字は長宗我部氏が秦氏の末裔と称していたことに由来する。明治維新以降に元親を祭神として祀った神社も秦神社と呼称している。

蓮光寺には、墓のほかにも盛親所用とされる刀や、盛親ゆかりの品と伝える長宗我部家の家紋の入った鉄打出しの銹地鐙の片方、そしてこれも盛親所用とされる金箔押色糸威の具足の草摺の一部が伝え残されている。また蓮光寺には長宗我部盛親の肖像画も伝来する。この像は明治時代になってからの作品で、これを描いたのは明治大正期に活躍した日本画家で、今蕭白とも呼ばれた鈴木松年（一八四八〜一九一八）。本絵像は長宗我部盛親没後三百年を記念して制作されたもので、明治四十年に刊行された盛親没後三百年記念誌『領安会集』には、その際に蓮光寺に寄進された品物の中に「鈴木松年筆　盛親侯肖像」との記載がみられる。

長宗我部盛親の墓について詳細に記したものとしては、大正四年（一九一五）に碓井小三郎によって刊行された『京都坊目誌』の「下京第廿五学区之部」にその記述がある。そこには「長曽我部盛

親ノ墓　本塩竈町蓮光寺の墓域中に在り。五輪ノ高さ五尺。基石方四尺。前面に長曽我部土佐守秦盛親之墓と刻す」とあり、現状見られる墓の様相と同じ内容が記されている。そして同書には「盛親は豊臣氏の勇将なり。元和元年五月戦ひ破れ。十一月東軍の為めに虜はる。同二十六日六条河原に於て徳川氏の為めに誅せらる。僧蓮光寺其首級を乞得て此に葬る。領安院と法名す」とみえ、盛親の来歴とともにその最期から墓が蓮光寺に築かれるまでの経緯が記されている。[2] この件については現在同寺で語られる寺伝とほぼ同じ内容となっている。

またこのほかに同書には「宝暦十四年百五十回忌に当り。墓所を重修す。明治四十年五月十九日三百年忌を修す」との一文がある。ここで、盛親の墓が現在のような景観になったのが、江戸時代中頃の宝暦十四年（一七六四）に盛親百五十回忌を契機としてのことだとの語りがあり、また明治四十年に催されている盛親三百年忌についての言及もある。この盛親三百年忌のときに、盛親の肖像画が鈴木松年によって制作されるなどして、蓮光寺における長宗我部盛親の寺伝が一定程度整理された可能性がうかがえる。

写真５−②　長宗我部盛親像（蓮光寺蔵）
明治40年（1907）に営まれた盛親三百年忌を契機として、日本画家の鈴木松年によって描かれた像。肩衣と脇差に長宗我部家の家紋として有名な七つ片喰と異なる片喰の紋が入る。

このように『京都坊目誌』には、蓮光寺の長宗我部盛親の墓に関する豊かな記事が認められる。しかし、明治時代以前に書かれた京都の地誌類には、蓮光寺と長宗我部盛親との関係についての記述が見られないのである。

京都の名所旧跡について記した書物は江戸時代を通じて数多く刊行されているが、それらは先に世に出された本の記述内容をある程度踏襲し、そこに新たな情報を付与させてゆくことで、内容を補完充実させてゆくという傾向をみせる。蓮光寺についても、江戸時代初期に著された地誌に既に寺の本尊などに関する由緒来歴についての記述がみえ、その内容は江戸期を通じてほぼ踏襲されてゆくのだが、そこには長宗我部盛親の墓に関する記事が現れてこない。その意味では『京都坊目誌』における盛親の墓の記述の充実ぶりは少々特異なのである。

果たして、蓮光寺にある長宗我部盛親の墓とその由緒に関する語りは、盛親の死後から江戸時代の徳川政権下においてどのように受け継がれ、そしていかにして現在のような脚光を浴びるに至ったのであろうか。以下本章では、戦国武将長宗我部盛親の履歴からその人物および長宗我部氏全般に関する後世の語られ方を分析し、明治維新以降に長宗我部盛親の事績が「発見」される背景について考察してみたい。

一　近世京都の地誌にみる蓮光寺

負別如来の伝承と平清盛の駒止地蔵

長宗我部盛親の事績を追うにあたって、まず盛親の墓のある蓮光寺について『京都坊目誌』が刊行される大正四年(一九一五)以前の描かれ方をみてゆこう。京都では、江戸時代の初頭から地誌の刊行が盛んに行われるようになり、あわせて洛中洛外の名所旧跡についての記事の採集が精力的に行われてきた。江戸時代後期には『都名所図会』など

写真５-③　蓮光寺（京都市下京区本塩竈町）

寺伝では、明応年間（1492～1501）に真盛を開基として新町高辻に萱堂と称する一庵が結ばれ、天正19年（1591）に玉誉によって現在の地に移され浄土宗となったという。天明８年（1788）と元治元年（1864）の二度、大火に罹災している。

の挿絵を伴った書籍も世に出されて多くの読者を獲得するに至ったが、各地誌は、その後に刊行される書籍に少なからず影響を与えており、新たに地誌が書き起こされる場合には、それ以前に刊行された地誌類が参照され、あるいはその記述が踏襲されて、そこを基台にして新たな情報が加筆されてゆくという傾向が強くある。ところが、先にも述べた通り、蓮光寺の長宗我部盛親の墓に関する記事は、近代以降の『京都坊目誌』の登場まで、全くと言ってよいほど見られないのである。

では、前近代には蓮光寺に関する記事が無視されていたのかというとそうではない。むしろ蓮光寺ついては、江戸時代の地誌に積極的に取り上げられてきている。ただし、そこに現れるのは長宗我部盛親の墓についてではなく、蓮光寺の本尊である負別（分）如来像にまつわる逸話である。

例えば寛文五年(一六六五)に刊行された『扶桑京華志』には、「負分」との立項があり、そこには「滑谷在、相伝、嘉禎年中、仏工安阿弥者有、名声籍甚、奥州一僧有名南無阿弥曰、乃仏工安阿雇テ無量寿仏ヲ模刻ス、仏既成ル、南無阿辞去、安阿其仏思慕、遂此地到、木仏分身二体為、遞以テ仏負而分、故是名得、安之負所ノ之仏ハ、今五条ノ蓮光寺ニ在」との一文がみえる。(3) 同様の記載は、正徳元年(一七一一)頃に著された『山州名跡志』や、宝暦四年(一七五四)の序文がある『山城名跡巡行』など、初期の京都の地誌類にも見られる。そのいずれにも、嘉禎年中(一二三五~三八)に名工安阿弥が刻んだ如来像が蓮光寺の本尊であることと、この像が二体に分かれる霊瑞譚について記述されている。

二体に分かれた仏像を、制作を依頼した東国の僧と仏工安阿弥とがそれぞれ背負って分けて持ち帰ったことから、この像が「負分如来」と呼ばれるようになり、また『山州名跡志』のほか、安永九年(一七八〇)刊行の『都名所図会』や、文久三年(一八六三)の『花洛羽津根』などには、二人がこの像を背負って別れた場所が「負別」と呼ばれ、それが京都の山科に負別(追分)の地名となって残っているといった伝承についても言及している。

そしてもうひとつ、江戸時代の京都の地誌類に見られる蓮光寺にまつわる記事として挙がっているのが、現在も境内に祀られている駒止地蔵についてである。この地蔵については『山州名跡志』に「石地蔵坐像五尺　作　弘法　此ノ像ハ昔六条河原斬罪場ニ安スル所也。大師刑人ノ為ニ造レリ。今此ノ地ヨリ東南古ヘニ云フ六条河原。六波羅ニ於テ平氏権ヲトルヨリ尊氏公ノ代ニ至テ。逆謀ノ輩ヲ。六条河原ニ於テ斬梟ルト云フ此ノ所ナリ。昔平相国清盛駒ニ乗此所ヲ経歴セルニ。馬途止進マズ。怪ンデ四方ヲ窺フニ。此像土中ニ存セリ。即日塵穢ヲ除キ清潔ナラシメテ安セリ。仍テ止馬地蔵トイフ」とあり、「止馬地蔵」として平清盛にまつわる伝承とともに語られている。(4) 同様の記載は『都名所図会』にも見られるが、両書に共通する事項として、この石地蔵が六条河原の斬罪場に縁があるとの記載が見られることが特筆されるだろう。

六条河原は平清盛が保元の乱の後に叔父の平忠正を斬った場所であり、続く平治の乱では源義朝の長子悪源太義平らがここで清盛によって処刑されている。以来、この地は権力争いに敗れた者を処刑した場所として都の人びとに認識されてきた。その後、年月を経て、関ヶ原合戦の後には石田三成が小西行長や安国寺恵瓊とともにこの六条河原で斬罪に処される。そして長宗我部盛親最期の地もまた、この六条河原なのである。

図5−①　「五條橋」（『都名所図会』より）
『都名所図会』「巻之二　平安城」に掲載された挿図。画面の上に「蓮光寺　首斬地蔵」との付箋が見える。

六条河原の処刑場と蓮光寺

ところで、この蓮光寺の石地蔵について『山州名跡志』には、この地蔵に百日参詣の祈願を掛けた竹田次郎直善という者が夜盗に襲われた際、ひとりの法師が助けに現れて夜盗の首を斬ったという、また別の話が蒐集されている。実はこの法師は件の地蔵が化生して現れた姿であり、この逸話から駒止地蔵は「首斬地蔵」とも呼ばれるようになったのだという。そして同書には「末代ニ至テ彼ノ所地民ノ有ト成リ。像ノ手躰段々トシテ散在セリ。開基玉誉是レヲ愁テ。像ヲ全フシテ移ス所也」として、駒止地蔵が蓮光寺の中興といわれる玉誉によって六条河原から同寺に移されたことが示唆されている。安永九年（一七八〇）刊行の『都名所図会』には、「五條橋」と題された挿絵の中に「蓮光寺 首斬地蔵」の付箋が見える。詳細は不明ながら、蓮光寺と六条河原の処刑場との間には、斬首にまつわる歴史や伝承をめぐって何らかの繋がりが語り継がれてきたことがうかがえる。

この六条河原に置かれた駒止地蔵は、平清盛の乗馬の歩みを止めたとの伝承から喚起され、彼によって行われた処刑の記憶とともに、斬罪場を示す符牒としておそらくは機能してきたのであろう。駒止地蔵が首斬地蔵と呼ばれる所以にも、地誌に採録された伝承とは別に、何がしかの意趣を感じさせる。

さて、明治二十八年(一八九五)四月に京都下京の山崎隆によって刊行された『京都土産』には、「古墳墓一覧」として洛中近郊にある著名人の墓所の一覧が掲載されているのだが、その中に「団栗井手町　長曽我部元親塔」との記載が見られる。(6) 井手町は鴨川の東岸で、ここには団栗橋と呼ばれる小橋が架かる。そしてこの場所は、長宗我部盛親が処刑されたとされる六条河原付近の少し北に位置する。長宗我部元親は伏見城下の屋敷で死去し、しかもその墓所は土佐の天甫寺山にあるので、『京都土産』に見られる「長曽我部元親塔」は、おそらく盛親の誤謬と考えられる。ところが、蓮光寺の長宗我部盛親墓についての詳細な記載の見られる『京都坊目誌』には、この井手町について次のような興味深い記事が掲載されている。

長曽我部盛親カ池ノ址　井手町の北端百九十七番地にあり。旧時建仁寺の領地にして。維新後町地となる。字を長曽我部と云ふ。相伝ふ元和五年徳川家康。大阪の亡将盛親を捕へ。六条河原に馘り。其首級を之に埋むと。墓標高三尺。囲四尺の頑石あり傍に死水あり。之を首洗池と称す。墓石は維新の際撤廃し。池水僅に存して庭園中にありしが。明治三十年(編者の実見せし時尚存し玉川直樟住せり)頃。之を埋め今は老大なる公孫樹二株存するのみ。吊古の人往々訪ひ来り。詩歌を供し。華餅を薦むと云ふ。一説に此地は盛親を刑せし所にして。僧蓮光其死

戸を乞ひ請て。墓を蓮光寺に築くとも云へり。(7)

つまり、当初長宗我部盛親の首が埋葬されたのは、蓮光寺ではなくこの井手町の付近であったというのである。現在の井手町には公孫樹の切り株も無く、また記事の内容を裏付ける痕跡など、それを偲ばせるものはほとんど見られない。何よりも『京都坊目誌』における蓮光寺の記事と、この「長曽我部盛親カ池ノ址」の記載との間には、一見矛盾があるようにも思われる。しかし、六条河原で名だたる武将が処刑されてきたことを起点として二つの記事を読み込めば、細かい差異は別にして、六条河原で斬られた長宗我部盛親の墓が蓮光寺にあることについての関連が類推される。

写真５−④　長宗我部元親墓(高知市長浜・天甫寺山)
伏見城下で亡くなった元親の遺骸は、荼毘に付された後土佐に帰り、長宗我部盛親によって浦戸城の東にあるこの地に葬られたという。高知県指定史跡。

長宗我部盛親の墓が、彼が斬られたという六条河原から西に少々離れた蓮光寺に何故祀られているのか。蓮光寺で語られる長宗我部盛親の墓についての来歴は、戦いの果てに敗れた武将たちが六条河原において刑場の露と消えた歴史と、清盛以来同地に祀られてきた駒止地蔵(首斬地蔵)が、蓮光寺に移され祀られるようになったとの伝承によって、何がしかの関連性をもって人びとに受け止められてきた可能性が、ひとつ考えられそうである。

しかし、盛親の墓が蓮光寺にあることについて、これが明治以降ににわかに脚光を浴びるようになった背景には、時代の変化とともに移り変わる人物評価と、それに伴って新たに構築された物語が大きな作用を及ぼしている。では次に、長宗我部盛親の人物評についてみてゆこう。

二　長宗我部一族の栄枯盛衰

四国の雄・長宗我部元親

長宗我部盛親の人物評を考えるにあたっては、彼の父親である長宗我部元親の事績についてみておく必要がある。長宗我部盛親は、戦国武将の中でもそれほど光を当てられてきた人物ではなかったが、それはひとつには、彼の父である長宗我部元親の事績のほうが有名であり、どちらかというと盛親は、偉大な父親の築いた名跡をつぶした息子という印象を後世の人びとに持たれてきたからかもしれない。

長宗我部元親（一五三九～一五九九）は、戦国の世を巧みに生き抜き、在地の土豪の立地から勢力を拡大して土佐一国を掌握し、さらには阿波や伊予や讃岐の周辺諸国へと侵出して、四国統一をほぼ成し遂げた乱世の雄である。

元親の英雄譚を語る上でその起点となるのは、永禄三年（一五六〇）の彼の初陣についてである。当時の長宗我部氏は、元親の父国親の元で近隣の土豪たちと争いながら勢力を拡大しつつあった。青年期の元親は、色白で柔和な容姿に寡黙にして多くを語らずという人柄で、人びとは彼を「姫若子」と呼んであまり信望を置かなかったという。

この姫若子という渾名は、長宗我部氏の栄枯盛衰を記した軍記物語で、土佐藩士の吉田孝世が宝永五年（一七〇八）

に著した『土佐物語』にみられる記載である。元親の容姿性格を表すこの言葉はやがて巷間を独歩するようになり、「姫」という語感から、元親を美少年などと称する向きもある。しかしこの姫若子という渾名の解釈については異論があり、例えば歴史学者の津野倫明は、『土佐物語』の記述を原文に忠実に読み込んで、その示すところの内容が、元親が男子としてすぐれた容姿の持ち主であることを表した姫らしさとは対極的なもので、女子のようであったかとみるのが誤解であることを指摘している[8]。

元親は二十二歳のときに初陣を飾るが、その戦陣において獅子奮迅の戦いぶりをみせ、その実力の一端を示した。

写真5－⑤　長宗我部元親初陣の像（高知市長浜・若宮八幡宮近く）

元親没後400年にあたる平成11年（1999）に、長宗我部元親公初陣銅像建立期成会によって建てられた。槍を振るって戦ったとされる元親の初陣の様子をモチーフとしている。

この合戦以降、元親は「姫若子」から一転「土佐の出来人」と賞されるようになったのだという。元親の初陣をめぐるこの言説は、彼の事績を語る際には必ずと言ってよいほど言及される。例えば館林藩士岡谷繁実が著した『名将言行録』には、「此時までは元親は内気にて、弟の利発なるに如かず、長曽我部の家は継ぐこと成間敷と、人々囁きしを、此戦より国の士は勿論、一条家の人々までも、土佐の出来人と言て誉ぬ者はなかりけり」と、その世評逆転の様子が記載されている(9)。

元親が初陣を飾ったその年、父の国親が病死すると元親が長宗我部家の家督を継ぎ、本山氏や安芸氏といった土佐の有力武士たちを次々にその軍門に下してゆく。そして天正二年(一五七四)には土佐の国司の家柄である一条氏の当主兼定を追放し、翌年には、旧領奪還を目指して土佐に戻ってきた兼定の軍勢を渡川の戦いで撃破して、土佐一国の統一を果たした。

土佐を制覇した元親は、四国の周辺諸国にも侵攻をはじめる。各地の国人領主たちに調略の手を伸ばし、天正十年には阿波の勝瑞城を攻略して、一時は天下の覇権をも掌握していた三好一族の十河存保を讃岐に追い出し、さらに天正十二年には十河城を落として十河勢を讃岐でも追い詰めた。また伊予にも手を伸ばして、鎌倉時代以来の名族である西園寺氏や河野氏と死闘を繰り広げた。こうして四国全土に勢力を拡大する一方で、元親は当時畿内近国で破竹の勢いであった織田信長に接近していた。彼の嫡子である長宗我部信親の名前は、信長から「信」の一字を拝領したものと伝えられる。元親は信長の動きを牽制しつつ四国各地で勢力を伸ばし、そして天正十三年には四国全土をほぼその手中に収めたのである。

しかし彼の領土的野心は、本能寺の変での信長横死後に天下の覇権を握りつつあった豊臣秀吉の出現によって妨げられる。天正十三年六月、秀吉軍は伊予・讃岐・阿波の三方から長宗我部氏の支配地域に侵攻し、元親は果敢に挑むも敗れて同年八月に秀吉に降伏する。戦後、元親は苦労して手に入れた四国を召し上げられ、土佐一国だけを安堵される。そして、以後の元親は秀吉の天下統一事業に協力してゆくこととなる。天正十四年の九州の島津攻めや天正十八年の小田原北条攻め、そして天正二十年(文禄元年〔一五九二〕)から開始された朝鮮への出兵にも従軍し、島津氏との戦いでは、嫡男信親を喪っている。

写真5－⑥　長宗我部信親墓(高知市長浜・雪蹊寺)
長宗我部元親の菩提寺である雪蹊寺境内にある嫡男信親の墓。傍には戸次川戦没者供養塔がある。なお、一部では天甫寺山にある元親の墓と信親の墓の入替説が唱えられている。

元親は豊臣政権においては従順にその軍役を果たし、太閤検地にならって土佐領国内の検地を実施するなど豊臣政権下の大名として積極的に協力する姿勢を示して、従五位下侍従の官位官職を得る。そして元親は、慶長四年(一五九九)五月に伏見の屋敷で死去する。享年六十一。それは奇しくも関ヶ原合戦の前年であった。

兄信親の死と盛親の家督相続

元親の後を受け継いで長宗我部家の当主となったのが盛親であった。長宗我部盛親は元親の四男で、その上には嫡男の信親をはじめ、次男の親和と三男の親忠の三人の兄がいた。このうち信親は、天正十四年(一五八六)の戸次川の戦いで島津氏に討たれている。この戦いは、秀吉が豊後の大名大友氏を島津氏の攻勢から救済する名目で開始されたもので、長宗我部元親は十河存保らとともに嫡子信親を伴って豊後の府内に出陣した。元親は秀吉の家臣である仙石久秀の下で戦うが、その無謀な指揮によって大敗を喫し、信親のほか七〇〇名もの家臣を喪ってしまう。信親の死は元親にとって大きな痛手であった。

信親亡き後、長宗我部家では当然のことながら跡継ぎ問題が浮上する。盛親は当時まだ千熊丸と称する若年で、長幼の序からいえば盛親が家督を相続する可能性は低かった。しかし、盛親の二人の兄のうち親和は香川家に、また親忠は津野家にそれぞれ養子として入ってその家督を継いでいた。元親は、盛親を亡くなった信親の娘と妻合わせて長宗我部家の跡継ぎとしたのである。

家臣の一部からはこの盛親の跡目相続について異論が唱えられた。しかし元親は盛親継嗣を強行に推し進め、これに反対する一門の吉良親実と比江山興親を断罪に処し、その一族郎党を粛正したのである。この行為は残虐を極めたらしく、先述の『土佐物語』などには、このとき処断された親実の家臣七人の者が怨霊となって祟ったという「七人みさき」の伝承についての言及がみられる。その後、親和は天正十五年に死去し、親忠は元親によって香美郡岩村の霊巌寺に幽閉されてしまう。

跡継ぎをめぐる内部対立を経て、長宗我部家の後継者に定まった盛親であるが、豊臣政権側が彼を正統な継嗣と認めたかについては議論が分かれている。豊臣家に臣従を誓った大名は朝廷からしかるべき官職を得ており、世継ぎとなる人物についてもその名乗りには相応の扱いが為されるのが通例なのであるが、盛親の名乗りは「右衛門太郎」のままであった。

そもそも盛親の名の盛の字は烏帽子親となった増田長盛からの偏諱であるとされる。増田長盛は豊臣政権では五奉行の一人として数えられるほどの有力者ではあるが、兄の信親が織田信長から一字を戴いているのと比べると見劣りがする。この件について津野倫明は「父元親が侍従であったことが示すように、「右衛門太郎」は豊臣政権下の大名あるいはその後継者には相応しくない。しかるべき官職の有無に関する限り、盛親は豊臣政権から継嗣および大名当主として認知されていなかったと考えるほかあるまい」と述べている(10)。このように、長宗我部家における元親から盛親への家督の移譲は、かなりの困難を伴うものだったのである。

長宗我部氏の滅亡と盛親の死

父である長宗我部元親の死後、その家督を受け継いだ盛親であるが、彼を取り巻く政情は混沌としていた。元親の死に先んじて慶長三年(一五九八)には太閤秀吉が死去しており、豊臣政権は大きく動揺していた。豊臣家の世継ぎである秀頼はまだ幼少であり、彼を補佐して実際に政務を担う者が誰になるのかは甚だ不透明であった。状況はやがて実力者の徳川家康と、石田三成ら反徳川家康勢力との争いという形で顕在化し、やがて関ヶ原合戦が勃発する。

この混乱の中で長宗我部盛親は石田方へと与する選択をする。その背景には、彼の烏帽子親でもあった増田長盛が石田方の主要人物であったことも一因としてあるだろう。長宗我部家自体も当主元親の死去後間もない混乱の中にあり、また、先にみた盛親の名乗りが右衛門太郎のままであったことにみられるように、彼の家督相続が豊臣政権に認められていなかった可能性から、その焦燥感もあるいは作用したのかもしれない。

石田方として参戦した長宗我部の軍勢は、伏見城への攻撃や伊勢方面の徳川方勢力の掃討戦に臨み、関ヶ原合戦の本戦では南宮山の麓に布陣した。ここには石田方の総大将である毛利輝元の名代として毛利秀元の軍勢があり、これを輔佐すべく吉川広家と安国寺恵瓊の軍が展開していた。対する家康は桃配山に陣を敷き、石田三成の布陣する笹尾山方面と対峙していたので、長宗我部盛親らの軍勢はその背後を襲える位置に陣取っていた。しかし、戦闘はそのはるか西方で繰り広げられる。松尾山の小早川秀秋が寝返ると戦況は一気に徳川方へと流れ、石田三成が敗走すると、長宗我部の軍勢は主たる戦闘に参加することもなく戦線を離脱していった。

盛親は撤退戦を戦いながらなんとか土佐へと帰り、帰還後は徳川家康に対して恭順の意を示す。しかし盛親は許されず、領国土佐を失ってしまう。西軍として関ケ原に在陣した武将の中には、毛利氏や島津氏のように家康に激しく敵対しながらも家名を存続しえた武将たちがいたにもかかわらず、徳川勢と直接対決することもなく撤兵し、しかも所領を没収されてしまった長宗我部盛親はいかにも哀れに思われる。盛親が許されなかった理由については、盛親が幽閉されていた兄の津野親忠を土佐帰国後に殺害したことや、家臣の一部が長宗我部家の存続を求めて蜂起した浦戸一揆の影響などが指摘されている。

改易された盛親は京都に蟄居し、京都所司代の監視を受けながら暮らした。蓮光寺の住職と親交を結んだとされるのはこの頃である。そして大坂の陣が起こると、盛親は豊臣方として大坂城に入り冬の陣と夏の陣を戦う。慶長二十年、大坂夏の陣に敗北した盛親は徳川方に捕えられる。武将の逸話を蒐集した湯浅常山の『常山紀談』には、裁きの場に引き出された盛親の言葉が伝わっている。徳川秀忠の家臣が「討死するか自害するか、二つの志もなかりし事、返すがえすも不審なり」と尋ねた際、盛親は「盛親も一方の大将たる身に候へば、葉武者と同じくかろがろしく討死すべきに候はず」と述べたという。『常山紀談』では、盛親のこの言葉を「再び兵を起して恥を雪ぐべき心、言外にあらはれたり」と書き記している。(11) 盛親享年四十一。彼の子息もことごとく処断されたといい、ここに長宗我部家は滅亡したのである。

三　長宗我部氏をめぐる言説の展開

「一領具足」についての評価

さて、土佐の一介の土豪に過ぎなかった長宗我部氏が、元親の登場によって戦国乱世に名乗りを上げ、土佐を統一し、やがて四国全土を併呑せんばかりの勢いを得た背景には、「一領具足」と呼ばれる長宗我部氏独特の軍団制度が有効に機能したためとこれまで語られてきた。一領具足とは、普段は田畑を耕しているが、戦いの時には鍬を槍に持ち替えて具足櫃を背負って駆けつける農民的武士で、長宗我部氏の兵力の基盤となったとされる一団である。辞書などにも登場する一領具足という用語は、長宗我部元親の四国制覇までの活躍を語る上において必須の事象とされてきた。

しかし近年の研究の進展によって、この一領具足という存在が揺れている。一領具足について最も詳細に言及した史料としては、長宗我部氏の軍記物語である『土佐物語』が挙げられる。そこには次のような記載がみられる。

抑彼の一領具足と申すは、僅かの田地を領して、常には守護へ勤仕もなく役もなく、唯己が領地に引き籠り、自ら耕し耘り、諸士の交はりもせざれば、礼儀もなく作法もなく、明け暮れ武勇のみを事として、田に出づるにも、鎗の柄に草鞋・兵粮を括り付け、田の畔に立て置き、すはと言へば鎌鍬を投げて捨て走り行く。鎧一領にて着替への領もなく、馬一疋にて乗り替へもなく、自身走り廻りければ一領具足と名付けたり。弓・鉄炮・太刀打ちに調練して、死生知らずの野武士なり。されば天子も将軍も知らばこそ、主より外に恐ろしき者はなきと思ふ者共なれば、御下知を憚らざるも理なり。(12)

一領具足についての概念は、おそらくこの『土佐物語』の記述によってより具体性をもって受け止められてきたものと思われる。ここに描かれた農民的な武士の姿は、「死生知らずの野武士」などといった表現と長宗我部元親の戦いでの強さとが相まって、人びとに強くイメージされてきた。しかしながら、一領具足に関する史料は『土佐物語』

以前にはほとんどみられないのである。

例えば歴史学者の平井上総は一領具足について、「この用語は歴史事典類にも項目が立てられ広く知られているものの、実際は長宗我部氏改易以前の一次史料にはほとんどみられず、近世の軍記である『土佐物語』の記述を元に論じられた概念である点に大きな問題がある」と述べており(13)、津野倫明もまた「一領具足はそもそも制度的な呼称であったのかも疑わしく、現段階では長宗我部氏の軍事力そのものの強さの秘訣は不明といわざるをえない」として、一領具足に対する従来の見方について疑念を呈している(14)。では、一領具足という存在は、長宗我部元親の事績を顕彰する上において何故必要以上に注視されるようになったのであろうか。

実は、土佐におけるこの「一領具足」の語られ方にはある法則がある。それは関ケ原での長宗我部氏の敗北と、その後で土佐に入封した山内家との関係性の中で構築された物語で、近代になってから成立したものである。それは例えば次のような言説となって顕在化する。

昭和十二年(一九三七)に社団法人高知県教育会から発行された『土佐を語る』には、関ケ原で敗れた長宗我部盛親が改易されることとなった際に、これに抵抗した長宗我部の家臣たちの一部が土佐で起こした浦戸一揆の様相について記している。同書には「中にも頑強であったのが即ちこの一領具足組で、結局は恭順組との抗争となり、首領の竹内惣右衛門以下二百数十名が不意討に遭って総崩れとなり、やっと鎮定したのであった」とし、乱が鎮圧された後に「四散したこれ等の浪士は、なほ所々に一揆を起して討伐にあひ、国外へ落ちのびた者もあるが、多くは田園にかくれて百姓になった。かうして彼等は新藩政の一大癌となった」と記している。そして一領具足たちが下級藩士である郷士として土佐藩に取り立てられると、彼らは山内家に忠節を誓う家臣となったのだとし、「幕末勤王の志士の十中八九はこれ等郷士の子孫であった」と述べている(15)。

この長宗我部の遺臣である一領具足が、山内家の支配の下では郷士として扱われたという語りが、長宗我部氏に対する親愛の情の下地として土佐の人びとの間には根付いているのである。

一領具足をめぐる言説と土佐の郷士

一領具足が長宗我部元親の四国統一事業における重要な戦力であったとする言説は、近年の研究の進展によって必ずしも事実とは言えなくなってきていることは先に述べた。さらに剽悍無比な一領具足のイメージは、後世の書である『土佐物語』の記載内容に少なからず影響を受けていることも示した。実際、一領具足について元親時代のその実像を伝える資料はきわめて乏しく、むしろ一領具足という存在が注視されるのは、長宗我部盛親が関ヶ原合戦で敗れ、土佐が徳川方によって接収されんとするときに勃発した浦戸一揆の時であった。

長宗我部氏の改易は、徳川家家臣の井伊直政の手によって主導され、その後で土佐は新たに領主となる山内一豊の手に委ねられることになっていた。こうした動きに対し長宗我部家の上層部は概ね恭順の意を示していたが、一領具足ら一部家臣たちが抵抗を示し、長宗我部氏が居城としていた浦戸城に立て籠ったのである。籠城した一領具足たちは長宗我部家の重臣ら率いる軍勢と戦いに及び、竹内惣右衛門以下二七三名が討ち取られて反乱は鎮圧された。このときに討ち取られた者たちの首は井伊直政の元に送られたといい、残された胴体は城の近くに埋葬された。その場所は石塔が建てられて石丸塚として祀られ、当時の惨状を今に伝えている。現在の石丸塚の周辺には六体地蔵が立ち、昭和十四年(一九三九)には、土井晩翠の詩が刻まれた一領具足の碑も建設されている。

長宗我部氏改易の後、新しい領主として土佐に登場した山内氏は、当初は長宗我部氏の旧臣を弾圧するなど強い態度で臨みその支配を確立しようとする。しかしその道程は容易ではなかったようで、山内氏は長らく旧来の在地勢力との関係に苦慮することとなる。例えば正徳六年(一七一六)に生田直勝によって著された『土佐国瀧山物語』には、慶長八年(一六〇三)に土佐長岡郡本山郷下津野で起きた一揆の様子が記されているが、そこには在地の土豪である高石左馬助が、新たに領主となった山内刑部が年貢の上納を求めたのに対して「左馬助生得剛勢ナルクセ者ニテ、累年作リ取ノ心ヲ不忘、ワレガ物ヲ取ラルルヨウニ覚エテ、憤ヲフクミ」これを拒否する様子が描かれている。同書には「元親ノ比ハ、未世不静、手柄次第、所々持切ニ領シ来ル者多カリシト云リ、左馬助モ其タクイト見ヘタリ」とも記され、当時土佐の各地で同様の勢力が跋扈していた様子がうかがわれる(16)。

しかし、これら在地の既存勢力は、年月を経て山内氏の支配が次第に及んでゆくに従ってその力を徐々に失ってゆく。そして、土佐藩執政の野中兼山(一六一五〜一六六三)が藩政の立て直しをはかる中で、彼らは「郷士」という下級の藩士というかたちで藩体制の中に取り込まれてゆくのである。

さて、土佐藩ではこの郷士という身分は株として売買が可能であった。そのため困窮した郷士がその株を売り、これを新たな富裕層である豪農や商家が買って、彼らが下層とはいえ武士身分を手に入れるという状態が出来した。高知県立坂本龍馬記念館学芸員の三浦夏樹によると「幕末には、江戸時代初期からの郷士がほとんど没落しており、新しく郷士となった家が多かった。これを譲受郷士という。また、新しい領知を開墾して郷士となる家も多く、これを新規郷士といった」といい、同氏はまた、こうした郷士制度に対して土佐藩の上層の家臣である上士から警鐘を鳴らす動きもあったことを指摘している(17)。

天保七年(一八三六)頃に著された『土佐国風俗記』には、その正月の記載の中に「ヒヨコタンノ郷士、子供ニ駁当、若者爰ニ於テ鍔元ヲスカス」との一文がみえる(18)。土佐山内家では正月に御馬駁初式と呼ばれる閲兵式を行うことが藩祖一豊以来の慣例となっており、その場に騎馬で臨むことは家名の誉れとされていた。新たに侍身分を得て郷士となった者たちは、勇躍この馭初式に参加したという。ヒヨコタンとは瓢簞のことで、『土佐国風俗記』の記述からは、にわか侍である郷士に対して、人びとからやや侮蔑を含んだ視線が投げかけられていた様子がうかがわれる。

やがて幕末となり、土佐藩にも尊王攘夷の嵐が吹き荒れることとなるが、その中で活躍する坂本龍馬や武市半平太といった土佐藩出身の志士たちは、みなこの郷士の層から輩出された人物たちであった。

瑞山会の結成と『維新土佐勤王史』の刊行

明治十七年(一八八四)三月三日、土佐藩出身の有志たちによって瑞山会が結成される。「瑞山」とは、かつて幕末に土佐藩の藩政改革を目指す郷士たちによって結成された土佐勤王党の首魁で、その過激な言動から先代藩主の山内容堂によって粛正された武市半平太(一八二九〜一八六五)の号である。瑞山会は武市半平太の名誉を回復し、土佐藩で幕末維新の動乱期に殉じた土佐勤王党の関係者の足跡を記録に留めることを目的としており、発起人に名を連ねたのは、維新政府において農商務大臣などを務めた土方久元(一八三三〜一九一八)や、同じく宮内大臣などを歴任した田中光顕(一八四三〜一九三九)といった、土佐藩出身の明治の元勲たちであった。

この瑞山会の活動と前後して、ロシアとの開戦が直近に迫っていた明治三十七年(一九〇四)には、明治天皇の皇后の夢に土佐の脱藩浪士の坂本龍馬が現れて、日本海軍の勝利を予言した話が巷間に流布して人気を博した。京都では、この年に霊山にある坂本龍馬の墓の前に「贈四位坂本龍馬君忠魂碑」が建てられた。この碑を建設したのは、幕末に龍馬が遭難した伏見の寺田屋の女主人お登勢の養子寺田伊助らで、碑の建設に際しては、皇后が時の逓信大臣大浦兼武を通じて資金が下賜されたことなどが碑文に刻まれている。坂本龍馬の事績顕彰はこれを境に活発になるのだが、この頃、土佐藩の関係者の間では幕末維新の歴史を回顧する気運が高まっていた。

写真５-⑦　雪蹊寺（高知市長浜）

弘法大師の創建と伝え四国霊場の三十三番札所。長宗我部元親の菩提寺で、寺号は元親の法名「雪蹊恕三」に由来する。明治２年（1869）に廃仏毀釈によって廃寺となるが同12年に復興された。

そして明治四十五年（大正元年　一九一二）に、瑞山会によって『維新土佐勤王史』が刊行される。この書の中では、武市半平太の出身階層である郷士について詳述されているのだが、そこでは「土佐の藩制には上士に亜ぎて郷士と称する一階級あり、瑞山亦郷士の出身なるを以て、其の由来に遡りて之を叙する所あるべし、長曽我部の時代に於る「一領具足」は即ち是れ郷士の濫觴なり」と記され(19)、長宗我部の旧臣として山内家に弾圧された一領具足と、土佐藩の下級武士として幕末に辛酸をなめた郷士とが、およそ三百年の歴史を超えて直結されているのである。

『維新土佐勤王史』には、「郷士は高知城下の郭内上士に対して、隠然一敵国たる観を呈し、或は元親の木像ある長曽我部家の旧菩提所、長浜の雪蹊寺に、歳時参詣して祖先の法会を営む者あり」との一文もみえる。同書には、新興の者たちが譲受郷士や新規郷士といったかたちで新たに郷士となっていったという歴史には敢えて触れずに、あたかも郷士という存在のすべてが長宗我部の旧臣であったかの如く描かれている。そこには、上士から差別を受け土佐藩から抑圧された郷士たちが、自らのアイデンティティーを長宗我部旧臣の末裔であることに見出していった様子がうかがわれる。

やがて明治維新を迎え、新たな政治体制の下で時代が落ち着きをみせはじめると、新政府の高官となった土佐勤王党の生き残りの者たちは、自分たちの出身母体である郷士の歴史を回顧し、幕末の動乱の中で非業の死を遂げた仲間たちの物語を、長宗我部の旧臣たる一領具足の悲劇に連ならせるかたちで紡ぎ出した。その文脈の中で、彼らの旧主と位置付けられた長宗我部氏への顕彰の動きが起こるのは必然であった。京都の蓮光寺において長宗我部盛親の三百年忌が営まれ、その顕彰の動きが強まるのは、まさにこの時期なのである。

おわりに

明治の文豪、森林太郎(鷗外：一八六二〜一九二二)が明治時代後期に「長宗我部信親」と題する小説を発表している。長宗我部元親の嫡男信親は、豊臣秀吉の九州侵攻に従軍して戸次川の戦いで島津氏に討たれたことは既に述べたが、鷗外はこの事件を題材として、息子を失った元親の心情を、ギリシャの叙事詩『イーリアス』において同じく息子へクトルを戦いで失ったトロヤの王プリヤモスになぞらえて著している。

その文体は全編が七五調で整えられ、鷗外は、戦国のいくさ物語を息子を失った父の悲話へと転写し、人びとにより感情移入しやすい題材と為して世に問うている。鷗外が長宗我部元親の心情に寄り添おうとする試みは、例えばこの小説の次のような一文に現れている。

中津留川原の　血戦に／子息信親　主従が／一騎ものこらず　死せしこと／もはやかくれは　なかりけり。／あはれなるかな、元親は／五十路の近き　老の身の／君命あるにも　あらずして／九州の地に　押し渡り、／戈を枕に　陣営の／霜夜の夢を　結びあへず／明し暮すも　信親が／上を気遣う　ゆえなりしに、／きのふひと日の戦に／屍を曝しし　味方の兵／七百人の　その中に／わが愛子をさへ　数へんとは／思いがけなき　事かなと／不覚の涙に　暮れにけり。[20]

大坂の陣における盛親の敗死によって滅亡する長宗我部家の悲劇は、この信親の討死に端を発しているとする見方がある。つまり、いくさ物語としての長宗我部家の歴史は、わが子を失った元親の悲嘆と、その後継をめぐって粛正される兄弟や家臣の悲劇、そして四国の雄たる偉大な父親の後を受け継ぐという重圧にさらされ、やがて時代の波に押しつぶされてゆく盛親の悲劇へと、次第に集約されてきたのである。そして、こうした見方が、人びとが長宗我部氏を語る際の土台となっていった。

しかし、長宗我部家の事績が明治時代になってにわかに注目を集めはじめた背景には、土佐藩の下級藩士たちの顕彰活動を通じて見出された、一領具足から郷士へ、そして土佐勤王党へと続くもうひとつの物語が大きく作用してきた。その語りは殊に土佐において強固に構築され、そして現在に至るまで再生産され続けている。一領具足等をめぐるこうした語りについて、近年刊行された『高知市史　民俗編』では「話が定型化されているのかと思うほど」高知では多く聞かれると記され、さらにこうした状況について「土佐人すべてが長宗我部の侍であるとの意識を持ったのかどうかは疑問である。また、一領具足（長宗我部侍）の層からは他国に逃げ出した者もいるし、村を治める庄屋に任命されて、藩政の末端組織の一員となった者も多い。つまり、先の説明は歴史的「事実」ではなく、高知の人びとに

写真5-⑧　長宗我部盛親公慰霊碑（高知市長浜・秦神社）

長宗我部盛親公慰霊碑建立期成会によって没後400年にあたる平成27年（2015）に秦神社の境内に建立された。秦神社は明治に雪蹊寺が廃寺となったため長宗我部元親を祭神として創建された。

とって、そうにちがいないという「真実」であると捉えられるわけである」と分析がなされている[21]。

徳川家康にあからさまに弓引いた武将ということもあってか、長宗我部盛親の名は江戸時代にはほとんど顧みられることはなかった。また土佐における長宗我部氏の記憶は、山内氏による一領具足ら長宗我部遺臣への弾圧の歴史を呼び覚ますためにか忌まれ、江戸時代後期になって土佐藩内における上士と下士の対立という構造の中で、郷士たる彼ら下士側の自己存在証明の拠り所として、ようやく復権を果たしてきた。

一方、京都における長宗我部盛親は、六条河原で刑死した名だたる武将のひとりとして、江戸時代前期にはかなり漠然とした存在であったとみられる。蓮光寺はそうした存在の受け皿として彼を救済し、墓を祀ることで後世の再評価につながる起点を保持したのである。そして明治の世を迎え、長宗我部盛親の墓を祀る蓮光寺の存在は、かつて長宗我部軍団の精強さを支えたとされる一領具足の末裔を称する土佐勤王党の生き残りたちの顕彰活動によって「発見」されたのである。

そして現代、長宗我部元親の名は、戦国時代の四国に勇名を馳せた英雄として広く認知されている。また長宗我部盛親も、その悲劇を伴った半生とともに語られるようになった。平成二十七年には、長宗我部氏にゆかりの秦神社において長宗我部盛親公慰霊碑が建立され、同年五月四日にはその除幕式が盛大に催された。またその年の六月六日には、長宗我部盛親公没後四百年忌法要が蓮光寺で開催され、長宗我部家の関係者のほか、盛親に思いを寄せる人びとなどが数多く集まり、その人気ぶりの一端を垣間見させた。

かくして戦国武将長宗我部盛親の名は、多くの人びとの記憶に留められるようになった。元親から信親、そして盛親へと、長宗我部の物語は完成され、新たな生命が与えられ現代へと受け継がれてゆくのである。

註

（1）「負別阿弥陀如来縁起」負別山蓮光寺より。

（2）『京都坊目誌　下京第廿五学区之部』（『新修京都叢書』第二十一巻　一九九五年　臨川書店）二七五頁参照。

（3）『扶桑京華志』（『新修京都叢書』第二十二巻　一九九五年　臨川書店）六四頁参照。

（4）『山州名跡志』（『増補京都叢書』第二十巻　一九三五年　増補京都叢書刊行会）六五五頁参照。

（5）『都名所図会』（『新修京都叢書』第六巻　一九六七年　臨川書店）一二四頁参照。

（6）『京都土産』（『新撰京都叢書』第十巻　一九八五年　臨川書店）三三四頁参照。

（7）『京都坊目誌　下京第廿学区之部』（『新修京都叢書』第二十巻　一九九五年　臨川書店）五五五頁参照。

（8）津野倫明『長宗我部元親と四国』（二〇一四年　吉川弘文館）二四～二六頁参照。
（9）『定本　名将言行録』上（一九七八年　新人物往来社）五六四頁参照。
（10）津野前掲　六二～六三頁参照。
（11）『常山紀談　本文篇』（一九九二年　和泉書院）三一一頁参照。
（12）『土佐物語』（一九九七年　明石書店）五六六～五六七頁参照。
（13）平井上総『長宗我部氏の検地と権力構造』（二〇〇八年　校倉書房）三一一頁参照。
（14）津野前掲　三七頁参照。
（15）重松實男編著『土佐を語る』（一九三七年　社団法人高知県教育会）一三七頁参照。
（16）『土佐国瀧山物語』（『日本庶民生活史料集成』第六巻　一九六八年　三一書房）五頁参照。
（17）三浦夏樹「龍馬と土佐藩」（『二〇一〇年ＮＨＫ大河ドラマ特別展　龍馬伝』二〇一〇年　ＮＨＫ、ＮＨＫプロモーション）一五六頁参照。
（18）『土佐国風俗記』（『日本庶民生活史料集成』第九巻　一九六九年　三一書房）三四一頁参照。
（19）『維新土佐勤王史』（一九一二年　冨山房）一五～一六頁参照。
（20）森林太郎『長宗我部信親』（一九〇三年　国光社）二六～二八頁参照。
（21）『地方都市の暮らしとしあわせ～高知市史　民俗編～』（二〇一四年　高知市）三六八頁参照。

第六章　小堀遠州―地方が生き残るために復活した戦国武将―

はじめに

戦国武将・小堀遠州と滅ぼされるその子孫

むごい殿よな小室の殿は　野瀬の藤五郎の石子詰め

これは滋賀県の旧浅井町田根地区に伝わる俗謡である。野瀬村の百姓藤五郎が、生きたまま首だけを出して穴に埋められて、その周囲に石を詰めて圧殺する石子詰めという残忍な方法で処刑された様子を伝えるものである。ここで歌われている「小室の殿」とは、滋賀県東浅井郡小室村（現・長浜市小室町）に陣屋を構えていた小室藩一万四〇〇〇石余の領主小堀氏。野瀬藤五郎が石子詰めの刑に処されたのは元禄十四年（一七〇一）四月のこととされるが、これには諸説があって正確な年月日は不明となっている。

小室藩の藩祖は、遠州流茶道の創始者であり作庭でも有名な小堀遠州正一（一五七九～一六四七）である。遠州は元和五年（一六一九）に国替えによって近江国浅井郡に所領を得ており、以後彼の子孫は六代にわたってこの地を領有した。戦国時代の最末期に登場した小堀遠州は、茶の湯や庭造りなどに精通した当時一級の文化人として、長くその名を歴史に留めているが、一方で彼は、内裏の拡張工事や二条城の建設などの作事奉行を歴任して辣腕を振るい、また

写真６–①　小堀遠州像（京都府蔵・京都文化博物館管理）

慶長14年の賛の入った遠州像を江戸期に模写したもの。右腕を脇息にもたせかけて瞑想する様子を描いた、典型的な遠州像のスタイルである。

伏見奉行や上方郡代として豊臣氏滅亡後の京や大坂の治世に携わるなど、有能な政治家・官僚としてその能力を発揮している。

遠州の子孫は、六代藩主の小堀政方（一七四二～一八〇三）の代に、御用金の不正徴収などの罪によって、天明八年（一七八八）に改易となっている。高名な文化人であった小堀遠州の子孫は、残忍な処刑を執行して後世まで地元民の語り草となり、資金繰りの悪化から改易されてしまうという、不実にまみれた結末を迎えることとなる。小堀氏がかつて陣屋を構えた小室藩の屋敷跡は、現在は森に覆われわずかな石垣のほかはほとんど何も残されていないのだが、これは、小室藩が改易され家臣たちが退去した後、小堀家の屋敷や家臣の住宅が庭木の一本に至るまでことごとく競売にかけられ、そのすべてが根こそぎ奪い去られたことによる。小室藩の末路もまた苛烈を極めたのである。

再び浮揚する小堀遠州

ところが現在、かつて小室藩が存在した地域には、小堀遠州の事績を顕彰するさまざまな活動が行われている。かつての小室藩陣屋の跡に程近い上野村（現・長浜市上野町）には、小堀家の菩提寺であった寺院孤篷庵がある。「孤篷」

とは小堀遠州の庵号で、書院の東には池泉回遊式の庭園があり、またその南には枯山水の庭園が築かれている。孤篷庵の名は、京都大徳寺に遠州が開いた塔頭と同名でもあるのだが、この近江の孤篷庵は小室藩小堀家の菩提寺であり、境内の一角には累代の藩主とその一族を祀った廟所が残されている。ひときわ大きな歴代藩主の墓石の周辺には、小室藩の家臣たちの墓が藩主の墓を守護するように建てられている。

写真6－②　近江孤篷庵（滋賀県長浜市上野町）
小堀遠州の菩提寺として嫡子正之が京都の大徳寺より円恵を招いて開山。小堀家改易とともに荒廃していたが、昭和40年（1965）に再建された。

小室藩改易の後、小堀家の菩提寺であった孤篷庵はその後ろ盾を失い、次第にさびれていったのだが、近代以降、地元の有志や郷土史家たちがその保全に立ち上がり、昭和十一年（一九三六）には小堀遠州史跡保存会を結成して、孤篷庵の整備に乗り出す。そして現在、孤篷庵には美しい庭園がよみがえり、毎年秋には鮮やかな紅葉が人びとの心を和ませている。こうした小堀遠州を顕彰する活動は現在も地元で継続されており、例年、遠州の事績を偲ぶ呈茶の会などが催されている。そして地元の田根地区には、小堀遠州をはじめ地域にゆかりの歴史上の人物五人を顕彰する専門の施設も建てられている。この孤篷庵の存在こそが、遠州の事績を後世に伝える記憶装置としての働きを果たし、地元における小堀遠州の顕彰活動を発起させる契機となった。

かつて悪評をもって疎まれ、その残忍さを俗謡にまで残された小室の殿様は、しかし、その祖である小堀遠州が残した事績によって、再び大切な郷土の偉人の地位を獲得した。そして、小堀遠州が再び浮揚した背景には、ある地元の郷土史家の活躍があった。彼の名は「田中礎」といった。彼の生涯は、近代化の波に呑み込まれんとしていた地方の寒村にあって、自分たちの立地を探し求めつづける、当時の人びとの苦闘を体現していた。

明治時代後期から昭和初期、そして戦後にかけて、日本の各地には郷土史家と呼ぶべき知識層が多く輩出した。その活動はひとつには地域誌の編纂へと結実し、やがては郷土資料館の創設等へとつながるものも少なくなかった。彼ら郷土史研究の担い手たちは、現在に至る地域史の形成過程においてどのような役割を果たしてきたのであろうか。そして、彼らの手によって顕彰され郷土の偉人となった戦国武将とは、時代に対しどのような意味を持っていたのだろうか。以下本章では、郷土史家田中礎の足跡と、彼が小堀遠州を「発見」する過程を追うことで、この課題に迫りたいと思う。

一　小堀遠州と小室藩の盛衰

小堀遠州の足跡

戦国武将小堀遠州が、地元郷土史家の尽力によってふるさとの偉人となる過程を検証するにあたり、小堀遠州と小堀家の概要について述べておこう。

戦国時代末期から江戸時代初期にかけて、一級の文化人として世に知られた小堀遠州正一。彼のルーツは近江国

（滋賀県）にある。遠州を輩出した小堀一族は、元々は近江国坂田郡小堀村（現・長浜市小堀町）を根拠地とする土豪であった。遠州の父・小堀新助政次は、織田信長によって浅井氏が滅ぼされた後、長浜に着任してきた羽柴秀吉（後の豊臣秀吉）の弟である羽柴秀長（一五四一～一五九一）に仕え、その家臣として、太閤検地の実施など主に実務的な分野で頭角を表してゆく。この政次の嫡男として小堀村に生まれた遠州は、父の出世に従って各地を巡り、実務経験を積み重ねてゆく。

　遠州の母は浅井家の重臣磯野員昌の娘であったという。信長の浅井攻略とその後の秀吉による近江湖北の統治という事態は、それまでは在地の土豪に過ぎなかった小堀一族の運命を大きく変えてゆく。特に小堀政次が仕えた羽柴秀長が、本能寺の変の後に天下を握った豊臣秀吉の弟で、彼が豊臣政権の屋台骨を支えた人物であったことは、政次の息子である遠州の人生にも大きな影響を及ぼした。父政次とともに政治や文化の中心部に近侍した遠州は、千利休や古田織部といった当時一級の茶人たちとも交わる機会を得る。

写真6−③　小堀遠州出生地碑（滋賀県長浜市小堀町）

慶長7年（1602）の「江州坂田郡小堀村絵図」に「小堀新助殿屋敷」との書入が見られることから、この地が遠州の父新助政次の屋敷地と比定され長浜市指定史跡となっている。

　そして、関ヶ原合戦に徳川方として出陣した小堀政次は、その功績が賞され備中国奉行に任命され、松山（現・岡山県高梁市）に一万四〇〇〇石余の所領を与えられて大名の仲間入りを果たす。慶長九年（一六〇四）遠州が二十六歳の時に父政次は亡くなるが、小堀遠州は父の所領と職務を受け継いで働くようになる。ここからの遠州の働きはめざましく、慶長十三年には徳川家康の居城駿府城の作事奉行（いわゆる建設現場総監督）を勤め上げ、慶長十七年には名古屋城天守閣と内裏拡張工事の作事奉行、元和三年（一六一七）には伏見城本丸書院の作事奉行を勤めている。この間、大坂の陣に参陣して、戦後は河内国奉行に任命される。遠州はこの後、元和八年には近江国奉行に、翌元和九年には伏見奉行にと、畿内近国の要職を歴任しており、大坂城落城後の近畿圏にあって難しい舵取りを迫られる立場にありながら、見事にその戦後処理を差配している。

その後も小堀遠州は、伏見奉行を勤めるかたわら二条城二の丸の作事奉行などをこなしてゆくが、それと同じくして茶道においても頭角を表しはじめ、茶室とその作庭においても次第に名声を上げてゆく。殊に遠州の茶事は遠州流と称され、武家茶道の代表的な流派として後々まで継承されてゆくこととなる。

江戸時代における遠州の評判

困難な作事を次々とこなし、畿内近国の治世に重きを為した政治家として、また茶道や華道などさまざまな芸事に通じた当代随一の文化人として、小堀遠州は存命中からその評価も高かった。そして、それは彼の死後も変わることがなかった。

江戸時代中期の儒学者で、六代将軍家宣と七代将軍家継の侍講として政権を支えた新井白石（一六五七～一七二五）は、その著書『藩翰譜』の中で小堀遠州について「古田織部正重能（然）、利休上足の弟子にして、政一又古田が第一の門人なり。其道の事は云ふに及ばず、手能く書き、歌よみ、眼高く、書画万の器珍、悉く其の鑑定を待ちて、世の価を高下す。されば水より出でし氷、藍より出づる青色、世々の先達を超過して、上中下のもてなし、譬を取るに言葉なし」と記して称賛を惜しまない。[1] 奇しくも、白石が記した三人の茶人のうち、千利休はその言動が豊臣秀吉の逆鱗に触れて、天正十九年（一五九一）に切腹させられているし、利休の高弟であった古田織部は、慶長二十年（一六一五）の大坂夏の陣の折に豊臣家に内通したことを咎められ、大坂落城後に切腹を申し渡されている。しかし、天下の茶頭が相次いで悲惨な最期を遂げたこととは対照的に、その弟子筋にあたる小堀遠州は後の世代にも高い評価を受けていた。

遠州の子孫たちもまた、父祖遠州の名声に頼るところが少なくなかった。例えば小室藩の第四代藩主小堀政房（一六八五〜一七一三）は、同じく遠江守を名乗ったことからか初代遠州への憧憬の念が深かったらしく、伏見奉行の在職中に、近在にある桂別業（桂離宮。現・京都市西京区桂）の庭園が遠州の造ったものであると聞き及び、その見学を所望している。そして、このことに関して「先祖ヲシタウ事是亦格別ナリ」と述べたという逸話が残っている。実は、桂離宮の庭が小堀遠州の作であるというのは後世の誤伝なのだが、小堀政房のこの述懐が元となり、この話は長く信じられることとなった。造園史家の森蘊は、このことをもって小堀政房を遠州による「桂別業作庭説を抬頭させる問題の人」と断じている。[2]

小堀遠州の名は、後世の人びとに尊敬と愛着をもって語られ、子孫たちにとっても、その活躍は大層な誉れであったことがうかがわれる。つまり、小堀遠州を顕彰する素地は、その生前から既に世に敷設されていたのである。

小室藩小堀家と遠州の子孫たち

元和五年（一六一九）九月、小堀遠州は、それまでの備中国から故郷に近い近江湖北の浅井郡に一万四〇〇〇石余の領地を得る。遠州は正保四年（一六四七）に亡くなるが、その跡を継いだ息子の小堀政之は、領地のひとつである東浅井郡小室村(現・長浜市小室町)に陣屋を建設し、ここから実質的な小室藩がはじまる。小室藩の陣屋は、藩主が住まう館と、それを取り囲むように家老や家臣団の屋敷が配置され、藩の政治機構が整えられていった。この後、小室藩は政之・政恒・政房・政峯・政方と、遠州を含めると六代にわたって続いてゆく。

しかしながら、小室藩の歴代藩主は、ほとんどこの小室の陣屋には居なかったという。小堀家は遠州以来、伏見奉行をはじめ幕府の重要な役職に就いていたので、歴代の藩主はだいたい江戸などに居住しており、小室藩の実際の領国経営は、陣屋にいた家老たちが担っていた。小室藩主小堀氏の歴代の中では、兄たちの相次ぐ死去によって急遽藩主となった第四代の小堀政房だけが小室の陣屋で生まれているが、あとの藩主はみな江戸の生まれである。なお、この政房の代に、本章の冒頭で紹介した野瀬藤五郎の石子詰めに至る事件が起こっている。

野瀬藤五郎事件は、元禄十四年(一七〇一)四月、小室藩において大法会執行に伴う領内での百日間の殺生禁断が申し渡されていた時に、野瀬村の大百姓藤五郎が枯れ木を伐採したという理由で処断されたというもので、当初は藤五郎一家の領内および浅井・坂田・伊香の北近江三郡からの追放という裁きが言い渡されたのであるが、故なき罪だと訴える藤五郎は、藩主の政房に国元での不実を訴えるべく、嫡男松之助とともに江戸に向かい、逆に強訴の咎で捕えられ、死罪とされたのである。この事件の顚末は、寛政七年(一七九五)に西村為盛によって記された『圓方燈』に詳しく記されているが、黒田惟信(一八六七～一九三五)が昭和二年(一九二七)に編纂した『東浅井郡志』では、『圓方燈』が事件から年月を経た小室藩改易後に書かれた史料であることなどから、その信憑性について「固是れ事件の有りしといふ年より、幾んど百年も後に至り、口碑に存する伝説を、因果物語的に、文を舞し筆を走らせて記せる者なれば、事実の真相を誤まれる点少からす」と述べて、幾つかの疑念を呈している。(3) しかし野瀬藤五郎が小室藩によって処刑されたことは事実であり、また「むごい殿よな小室の殿は…」と里人に歌い継がれた俗謡もあることから、小室藩小堀家の治世は、決して地元の民の心を摑んではいなかったことがうかがえる。

そして、第六代藩主の小堀政方（一七四二～一八〇三）の時代に、財政の破綻を領民への増税で乗り切ろうとした小室藩は、幕府からそのことを咎められ、天明八年（一七八八）改易の処断を被る。政方は大番頭や伏見奉行など幕府の要職を歴任し、時の権力者であった老中田沼意次（一七一九～一七八八）の政権を支えたが、天明六年に田沼意次が失脚すると、それまでの親田沼の姿勢が仇となり、次の政権を担った松平定信ら反田沼側から睨まれていたともいう。折しも天明二年からおよそ七年間続いた大飢饉が世の中を襲っており、天明三年には小室藩内でも百姓一揆が起こっている。小堀家の評判が地に堕ちた一因には、こうした悪循環があったものとも思われる。

改易された小室藩は、借金の返済のため、遠州以来収集してきた数々の美術工芸品を失い、さらには藩の屋敷の部材までことごとくが競売にかけられて売り払われてしまう。こうして、小室藩の陣屋や家臣団の屋敷は跡形も無くなり、その跡地には植林が施され、遠州以来百四十年続いた小室藩小堀家は、歴史の表舞台から消え去る。現在、かつて小室藩の陣屋が置かれていた付近は深い森に覆われ、小室藩が祀ったとされる山王社（現・日吉神社）や稲荷社や弥勒堂などの祠堂や、家老の和田宇仲の屋敷に湧き出ていた泉から引かれているという宇仲池などが、わずかに往時の姿を留めている。

二　近代国家の建設と揺れるふるさとの実情

郷土史家・田中礎の足跡

こうして、小堀遠州にはじまる小堀家の栄光は昔日のものとなり、小堀家は領民から疎まれ、小室藩改易の後、小

写真６-④　田中礎

田中礎（1872–1960）は、滋賀県東浅井郡田根村（現・滋賀県長浜市田根学区）出身で、田根村会議員や上野村素盞嗚命神社神職等を勤める傍ら郷土研究に取り組んだ。

室藩小堀家に関わるあらゆる施設はほとんど破壊しつくされてしまった。地元の民が語る俗謡だけがその悪評を後世に伝えるのみとなってしまった小堀家の事績は、しかし近代を迎えて再浮揚のきっかけを掴む。その一助を為したのが、かつて小室藩の領地でもあった滋賀県東浅井郡田根村（現・長浜市の一部）で活躍した郷土史家の田中礎（一八七二〜一九六〇）であった。田中礎は、先述の『東浅井郡志』の編纂に携わったほか、小堀遠州の事績を積極的に顕彰し、後に田根村で展開されることとなる、遠州ら地元にゆかりの五人の偉人を称揚した「五先賢教育」の素地を作り上げた人物でもある。

田中礎は明治五年（一八七二）に東浅井郡上野村（現・長浜市上野町）で高木宗助の次男として生まれた。元名は嘉市で、程なく上野村の田中家の養子となる。その後、高邁学校初等科中等科高等科を経て、十六歳で東京明治法律学校（現・明治大学）に進学、校外生として二年間修学した後に東京の増島法律事務所に書生として一年間勤務している。この間、明治二十五年三月に名を「礎」と改名。そのとき田中は十九歳であった。

田中礎の経歴は、近代化と富国強兵に邁進する日本国の歩みに同調し、青年期には日清日露の戦時世相を体感する。

帰郷後田根青年同盟会の会長に就任した田中は、軍への傾倒を深め、日露戦争時には戦時幻燈を持って滋賀県内八一箇所を遊説するなどしている。

その後、郷里に帰って田根村会議員や田根村農会評議員などを歴任した田中は、三十六歳の時に滋賀県皇典講究分所神職養成部中等科に入学し、次いで皇典講究京都分所教育部に移り、明治四十三年三月にこれを卒業、故郷上野村の鎮守素盞嗚命神社の神職となっている。田中が壮年期に神職としての地位を得ることになる背景には、明治三十九年に、彼の故郷である上野村の鎮守素盞嗚命神社に対して、東浅井郡長より郷社である波久奴神社（高畑村、現・長浜市高畑町）への合祀勧誘のあったことが遠因となっていた。田中はこの合祀を拒否し、逆に素盞嗚命神社の社格上昇運動に尽力してゆくこととなる。この過程が彼を郷土研究の道へと導いたともいえる。

富国強兵と神社合祀のはざまで

実は日清日露の両戦役と神社合祀施策とは、戦勝によって国家意識の高揚した日本人に対し、国家の宗旨としての神道を充実させるべく政府が社格の整理を行った、という点において密接なつながりをもって展開されていた。この明治末年の神社合祀隆盛について社会学者の森岡清美は、神職に対する公費支出の廃止によって失われた神社の公的性格を回復するため、神社界がその悲願として公費支出の復活と「国家の宗祀たるの名実を明らかにすること」を達成すべく運動を展開した成果であるとし、一方で「かように神社が国家の宗祀たるの実を充実させてきたことは、日露戦争の戦勝により国民一般に敬神の念慮が深まった世相を反映するものということができる」との見解を述べている。[(4)] 田中が一方で日本軍の躍進を賛美しながら、他方では国家の方針に反して神社合祀に反対するという行動に出た背景には、当時の日本国内における国家観と郷土意識との間に整理し難い混沌のあったことをうかがわせる。

写真6－⑤　高穴穂宮跡碑にて
昭和14年（1939）、内閣総理大臣平沼騏一郎が高穴穂神社を訪れた際に撮られたもの。神職姿の田中礎とともに、平沼（中央）のほか隣には陸軍大臣板垣征四郎の姿も見える。

神職の地位を得た田中の研究と尽力によって、素盞嗚命神社は合祀を免れ、さらに大正十年（一九二一）五月に素盞嗚命神社は村社に列せられることとなる。田中が書き残した資料群の中には、素盞嗚命神社の由緒来歴を記したものも含まれていたが、こうした田中の研究が素盞嗚命神社の社格上昇に寄与したことは想像に難くない。

その後田中は、大正十四年頃から滋賀県滋賀郡坂本（現・大津市穴太）の高穴穂神社の神職を兼務するが、田中の郷土研究への情熱はここでも如何なく発揮される。同社は現在では住宅地の一角にたたずむ宮であるが、第十二代の景行天皇がこの地に置いた高穴穂宮の跡に建つとされる神社で、祭神も景行天皇が祀られることから、田中はこれを広く喧伝し、大正十五年には、「高穴穂宮跡」と刻まれた巨大な石碑の建立にこぎつけ、揮毫を元連合艦隊司令長官東郷平八郎に依頼している。昭和十四年（一九三九）には、時の内閣総理大臣平沼騏一郎が、陸軍大臣板垣征四郎ら閣僚とともに高穴穂神社を訪れており、この石碑の前で神職姿の田中礎が平沼騏一郎らとともに写る写真が残されている。

晩年の田中礎は、郷里の田根村に腰を落ち着けて、遺跡の発掘や資料の収集、そして江戸時代に田根村の小室に置かれた小室藩の藩祖小堀遠州ゆかりの史跡保存会の発足などにも携わる。特に郷土にゆかりのある相応和尚・海北友松・片桐且元・小堀遠州・小野湖山の五人の先人の研究を進め、これらを五先賢と称して顕彰し、郷土の偉人としてその精神を学校教育の現場に活かす活動を進めた。この五先賢教育はやがて田根地域に根付き、地域の学校が現在も学習課程に積極的に取り入れているほか、平成八年（一九九六）には「五先賢の館」と呼ばれる資料館施設も建設され、地域の精神的支柱のひとつにまで育っている。後年、蒐集した考古資料を浅井中学校に寄贈するなど教育活動にも取り組んだ田中礎は、昭和三十五年（一九六〇）に死去する。享年八十九であった。

三　小堀遠州が郷土の賢人として顕彰されるまで

小堀家旧蹟の発見

昭和十一年（一九三六）八月、小堀家の菩提寺であった近江孤篷庵において小堀遠州史跡保存会が発足した。その発起人には、柴田田根村長のほか、東浅井郡選出の県会議員で議長を務めていた佐野真次郎ら地元の名士四〇人が名を連ねた。この年、小室村の旧小室藩陣屋跡には、発足した小堀遠州史跡保存会が県に要請した「史跡小室城址碑」との文字が刻まれた石碑が建てられている。この時、田中礎は六十三歳であった。

小堀遠州史跡保存会の発足には、田中礎の郷土史研究の成果が深く関与していた。田中の研究動機のひとつには、彼の故郷である上野村に近江孤篷庵があったことも大きく作用していたとみられる。小堀家の改易以降、庇護者を失った孤篷庵は次第に荒廃してゆき、田中礎が居た頃には建物も庭園も見る影もなく荒れ果てていた。こうした状況を田中をはじめ上野村の人びとは少なからず憂えていた。しかも、小室藩は資財のすべてが競売にかけられ持ち去ら

写真6－⑥　小室城址碑（滋賀県長浜市小室町）

昭和11年（1936）に田中礎らが参加して発足した小堀遠州史跡保存会が、同年に小堀氏の小室陣屋址に建てた石碑。

れるなど、その末路があまりにも凄惨であったため、往時の小室藩の屋敷などの様子を知ることのできるものも限られており、小室藩や小堀家に関する史料が地元からも随分散逸してしまったため、その検証は容易ではなかった。

そこで田中礎は、田根村内を中心に残されていた史料を採集し、特に小室藩の古文書などを多く受け継いでいた佐治家資料にあたり、往時の様相の研究に取り組む。そして小室藩の陣屋の詳細を描いた小室陣屋指図や、家臣たちが住んだ屋敷地の様相を記した小室藩家臣屋敷絵図などを模写し、それを元に陣屋跡地を踏査して史跡の全体像について検証を進めたのである。

また田中は小室藩の事績についても調査して、旧領内に数多くのため池があることから、これらが小室藩による灌漑水利事業によって整備されたものであるとの推論を立てる。実際、北野村にある北野池については、小室藩の命によって北野村の「はせか谷ノ池」を北側に広げる普請が行われた際、谷口村の田地三反六歩が池の床として使用されてしまったため、その代替地として北野村の地先から同等分の土地を谷口村に割譲したことが、正保三年（一六四六）発給の文書に記されており、小堀遠州が築造に関わった可能性のある記録の残る池であることが知られている。田中は、このほかの領内各所のため池についても、同様に遠州が造ったと考えていたようである。こうした研究結果を元

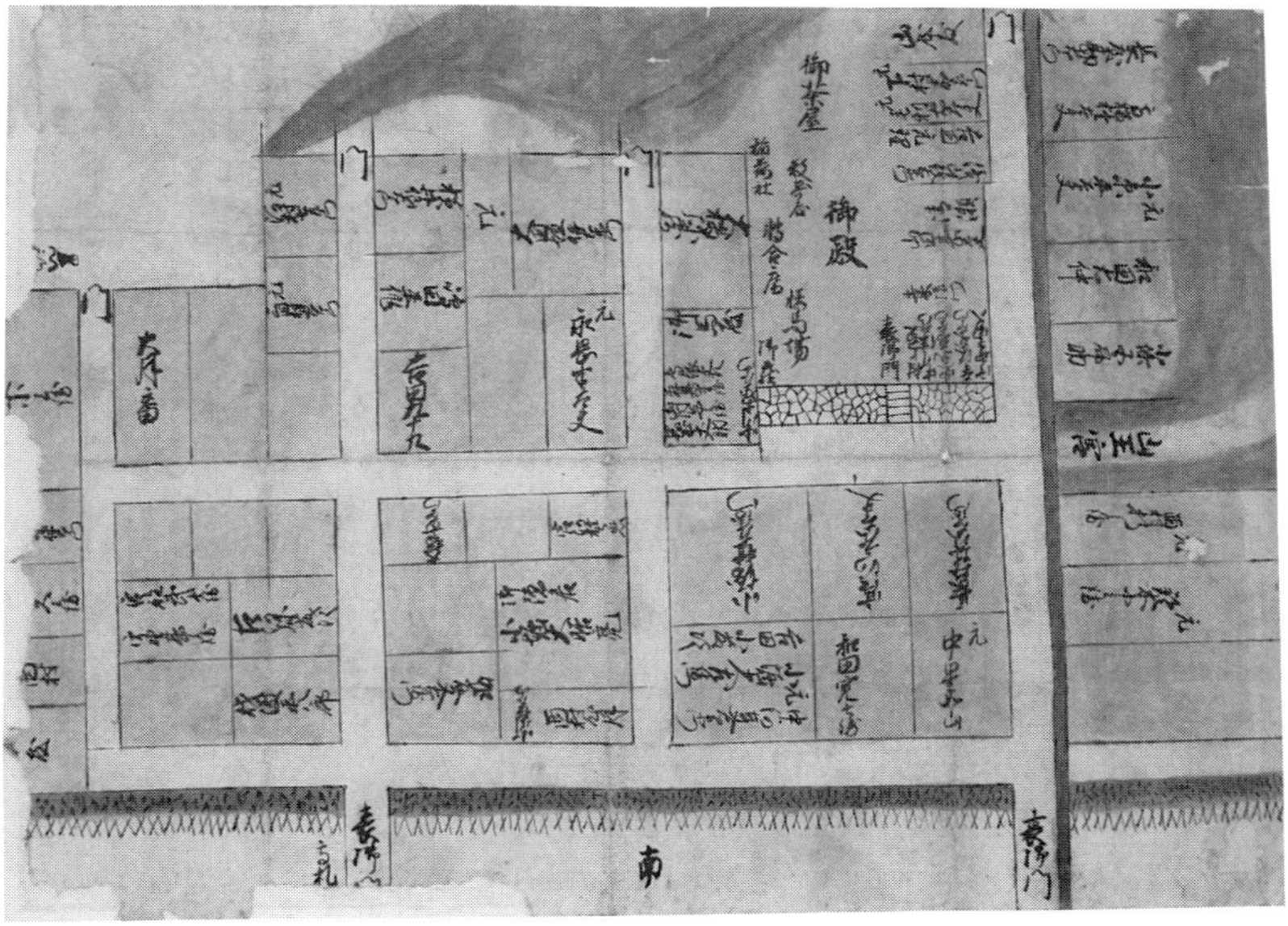

写真６−⑦　小室藩屋敷絵図（田中礎関係資料より）
田中礎が模写した小室藩陣屋および家臣団屋敷の絵図。田中は収集した小室藩関係の資料から往時の小室藩陣屋周辺の詳細な復元図の作成を試みている。

に、田中礎は小堀遠州を郷土の偉人と位置付け、その遺徳を顕彰しようという運動を展開する。

中央の情報を渇望する田中礎

さて、田中礎は、その郷土研究の活動において数々の資料を残しているが、その中でも特に興味を引くのが数多くの書簡である。田中は、やり取りした主だった手紙類を巻子などにして整理しており、その数は一五〇点近くにのぼる。書簡の差出人としては、乃木希典や古賀峯一や山本五十六などの軍人、河野広中や杉浦重剛や犬養毅ら政治家、徳富蘇峰や三上参次などの識者、そして山田耕筰に日下部鳴鶴や竹内栖鳳といった文化人と、きわめて多岐にわたる。内容は大きく二つに大別され、一方は田中の揮毫の依頼に対する返信などであり、もう一方は研究上の質疑や文章の添削などに関するものである。音信手段が限られていた時代にあって、田中礎は広く知見を求めて田根村から各所に手紙を書き送っていたのであり、残された書簡類は彼の郷土研究の知の体系がどのような人脈の中で構築されていったのか、その一端を物語るものである。

注目すべきは神道思想家の筧克彦や漢学者の狩野直喜、国語学者の山田孝雄らからの音信が含まれることである。書簡の返信の内容は贈答物への返礼などではあるが、田中が滋賀県の田根村に在って中央の学者の動向に注視していたことはある程度うかがえる。ほかにも教育者や神職・書家・俳人など、多彩な分野からの文化人の名が差出人として記された手紙がみえ、中には自身の研究活動への助言や議論の過程がつづられた手紙もあって、田中の活発な研究活動の様子をうかがい知ることができる。

田中は、調べ上げた郷土の先人賢者に関する研究を『見聞餘録』と題する全六輯の資料にまとめている。これは昭和二十一年(一九四六)から二十九年までに書き上げられたもので、主に草莽に埋もれた人物の顕彰にその力点が置かれた研究ノートとなっている。このほかにも、安土桃山時代に絵師として活躍した海北友松について研究した『画聖海北友松傳』や、幕末維新の書家で勤王の志士とも交流が深かった小野湖山の事績について述べた『湖山小野長愿略傳』などがある。

田中礎は、小堀遠州ら郷土にゆかりの歴史人物五人を選んでその事績の発掘をし、これを顕彰してゆこうとする運動を展開する。その五人とは、平安時代の僧侶で比叡山での修行を極め、今日も行われている千日回峰行を創始した相応和尚(八三一~九一八)、安土桃山時代を代表する絵師で、いずれも重要文化財に指定されている建仁寺の琴棋書画や妙心寺の寒山拾得図など、数多くの秀作を遺した海北友松(一五三三~一六一五)、豊臣秀吉配下の武将として賤ヶ岳の戦いなどを勝利に導き、晩年には豊臣家の家老として粘り強く徳川家康との交渉にあたった片桐且元(一五五六~一六一五)、幕末に尊王攘夷運動に心を寄せて多くの勤王の志士と交わり、明治には大沼枕山らとともに三詩人と

写真6-⑧　姉川地震によって倒壊した家屋（田根村野田）

姉川地震の被害は滋賀県北東部から岐阜県に及んだ。当時の田根村の戸数は628戸、人口2805名だったが、姉川地震の被害は死傷者47名、家屋等の全半壊は632棟にのぼった。

讃えられた書家の小野湖山（一八一四～一九一〇）、そして小堀遠州であった。

この五人のうち、小堀遠州以外はみな田根村の領域内の出身と伝えられてきた人物たちで、その意味では遠州だけがやや異なる立ち位置となっていたのだが、田中は五人を「五先賢」と称し、その事績を顕彰し、学ぼうという運動を地元で展開したのである。五人の事績は、その時代も行いもみな不均一で、それを一つにして教育運動に資するという方途には非常に無理があった。しかし田中礎は、彼らが近江国の片田舎から出て、歴史の中心軸に近い位置で活躍をしたという一点にのみ着目をして、この運動を大きなうねりへと育成していった。

震災と戦争と郷土の復興

田中礎が五先賢教育を推進した背景には、危機に瀕したふるさとを救いたいという切なる願いがあった。彼はこれまで積み上げてきた郷土研究の成果を、

写真６―⑨　聖旨奉體記念碑（滋賀県長浜市高畑町）
昭和12年（1937）７月20日に財団法人中央教化団体連合会によって教化村に指定されたことを記念して、旧田根村役場跡地（現・田根公民館）に建てられた石碑。

地域社会の再生のための切り札に使おうと考えたのである。

明治時代末期から、田中礎の故郷田根村は危機的な状況にあった。まず明治四十二年（一九〇九）八月十四日には、滋賀県北東部の姉川流域を震源とする震度六、マグニチュード六・八の巨大な地震が発生し田根村を含む周辺地域に甚大な被害をもたらした。後に姉川地震と呼ばれるこの災害からの復興が進まぬうちに、今度は伝染病の被害が田根村を襲い、田根村の社会や経済は困窮の度合いを深めることとなった。昭和に入っても思うように財政再建が進まなかったこの田根村に対し、福音としてもたらされたのが、政府からの教化村の指定であった。

当時の文部省は、社会教育上の重点政策として国民に対する教化活動を推進しており、昭和三年（一九二八）には財団法人中央教化団体連合会が組織され、翌昭和四年九月からの教化総動員運動の開始によって、文部省の教化活動はさらに推進されることとなった。(5)

田根村が財団法人中央教化団体連合会から教化村に指定されたのは昭和十二年七月二十日のことであった。当時県内二〇〇の町村の中から五ヶ村が選定され、その中の一つに田根村が推挙されたのである。これを受けて田根村では「神仏を崇拝し家内和合致しませう」、「冗費を省いて良く働きませう」、「教育の実践を期しませう」、「協力一致厚生の実を挙げませう」、「一村一家の理想郷を建設致しませう」の五つの村是を掲げ、教化振興年度計画を策定し理想郷田根村の建設を目指し取り組んでいった(6)。現在も田根公民館敷地内には教化村指定を祝して建てられた「聖旨奉體教化村」の石柱が残されており、当時の村民の喜びの様子がうかがえる。実はこの教化村指定の背景に、田中礎が唱導していた五先賢教育が大きく影響していたのだ。

文部省が主導した国民教化活動は、後に国民精神総動員の運動へと発展し、挙国一致・尽忠報国・堅忍持久などのスローガンのもと、国民精神の高揚と国策遂行の基盤整備のため強力に推進されてゆくこととなるのだが、田根村が教化村に指定された背景には、この国民運動浸透のためのモデル地区としての意味合いが込められていた。教化地区指定には、非常時財政経済への協力や資源の愛護といった要件が判断材料として挙げられていたものと推察されるが、田根村が刊行した『教化村施設計劃書』によれば、教化村指定の要件として地域の精神支柱たる五先賢教育の浸透が掲げられている。

田中は、明治四十三年(一九一〇)九月十六日に田根小学校において小野湖山の頌徳会を開催したのを皮切りに、翌年には東浅井郡教育会において小野湖山一周年記念会を催し、その席上で郷土の偉人相応和尚・海北友松・片桐且元・小堀遠州・小野湖山の五人を「五先賢」として仰ぎ、以後毎年五先賢祭を執り行ってきており、先人顕彰と愛郷精神に結実したこの活動が、田根村の教化地区指定の一因となったのである。この教化村指定という出来事は、田根村民の誇りとして長く人びとの記憶に留められることとなった。

その後、終戦を迎えると国民精神総動員運動も教化村指定も有名無実化し、五先賢祭の実施も以後は控えられるよ

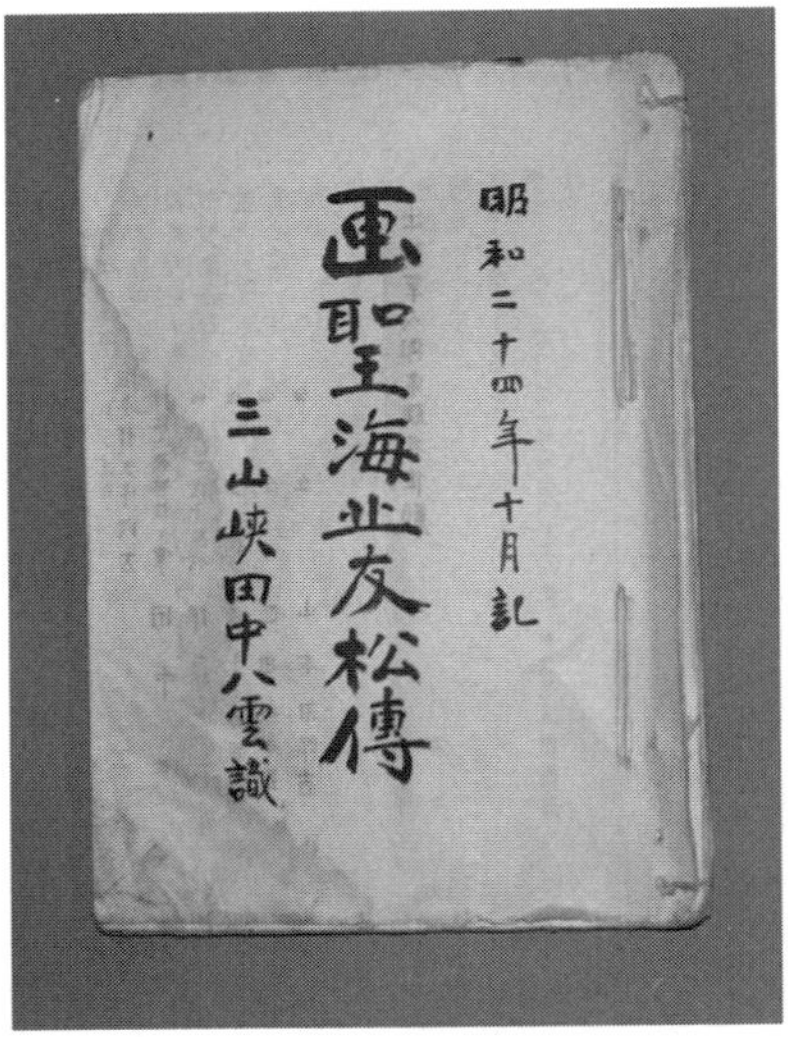

写真6－⑩　「画聖海北友松傳」（田中礎関係資料より）
田中礎が昭和24年（1949）に著した海北友松に関する研究報告。このほかにも田中は数々の郷土研究の成果を手書きでまとめている。「八雲」は田中が晩年に称した号。

うになっていった。田中はその状況について、昭和二十四年十月に著した『画聖海北友松傳』の最後に次のような記述を残している。

> 吾田根村ニハ古来ヨリ有名ナル偉人ノ発祥セルアリ、叡山三代座主相応和尚、画聖海北友松、片桐且元、小堀遠江守正一、小野長愿ノ五大家ヲ五先賢ト仰キ、毎年祭典ヲ執行スルコトトハナレリ、余不肖ナカラ担当シ五先賢祭ト称シ例恒トシテ修行シ三十五年ニ及ヘリ、然ルニ国敗戦ノ状態トシテ打切ルノ已ムナキニ至ル、詢ニ遺憾ノ至リナリ、（中略）当村ニ於ケル此等五先賢、何レモ宗教家、武家、画家、茶華道遠祖、大儒□、向後田根村教育上、何レモ模範的偉人ニシテ郷土ノ誇リト為ニ是有ル者蓋シ稀有トスヘシ、復人宜布此等五先賢ノ発祥タル其ノ名声ヲ毀損セサラン事ヲ忘却セサランコトヲ、只祈ルノミ

国は敗れたが、小堀遠州をはじめとする五人の賢人たちが優れた足跡を残したのは事実であり、その名声が遺棄され忘却されることがあってはならない。田中のこの叫びは、敗戦に打ちひしがれた人びとにもやがて受け止められてゆく。

田中礎の遺した郷土研究の成果と、そこから導き出された五先賢教育の思想は、田根村の人びとの精神的な支えとなり、地域の課題を解決する方途としてある一定の機能を果たした。そしてその思想は田根地域の人びとの間に深く

根付き、戦後復興の歩みの中で再度の見直しが図られ、郷土教育の教材として活用され、あるいは五先賢の名を冠した資料館の建設にと、現在に至るまで地域に連綿と受け継がれてきている。

おわりに

田中礎が目指したもの

田中礎の足跡は、日本の近代化の道程と歩調をほぼ同じくする。日清日露の戦勝に沸き、日本に暮らす人びとが急速に「日本人」としての意識に目覚めていった時代、田中は軍国青年として活動をした。そして故郷の鎮守をめぐる合祀案件が浮上する中で神職となり、さらには郷土研究にその情熱を注ぐようになっていった。彼の研究活動は、当初は社格の上昇というある意味きわめて現世的な目的のために行われてきたが、それは神社の整理統合を推進するための国家が描いた「神」の物語において、自身の故郷の宮を如何に位置付けるかという課題への取り組みであった。社格上昇のための神社史や郷土史の研究という活動は、当時日本各地で行われていたが、それは日本国民のすべてがひとつの神話を共有する方向性を指し示し、ある意味では国民国家の形成に大きく寄与したと言える。

そして、次に田中が志向した「五先賢」という知識と教育の体系もまた、日本国の中で田根村を如何に位置付けるかという課題に対する田中なりの解答とみることができる。田根村を故郷とする田中礎が郷土の賢人として見出した五人の人物は、いずれも日本の歴史という巨視的な視野の中でその存在を定置することが可能な経歴を帯びていた。そして田根村を彼ら五人のふるさとと規定したことで、田中は田根村の人びとに対して〝日本における田根村〟を位置付けてみせたのである。それは、郷土の鎮守の社格上昇を志した田中の郷土研究の動機と、方向性としては同じも

写真6－⑪　五先賢の館（滋賀県長浜市北野町）
田中礎の創始した五先賢教育の思想を基幹として平成8年（1996）に旧田根村管内に建てられた施設。郷土ゆかりの五人の先人についての資料展示室や研修室などを有する。

のであった。

田中礎が、その郷土研究の果てに構築した〝ふるさと〟とは何であったのか、その検証が次に求められる。田中が汲み取った小堀遠州ら郷土の偉人たる五先賢の歴史と思想には、近江国の辺境にすぎない田根村が、近代化の進む日本に接続するための仕掛けが込められていた。田中礎がそれを意図したか否かは別としても、「五先賢」という知識と教育の体系は、着実に田根の人びとを近代日本へと導く手助けをしたのである。

ふるさとと戦国武将のこれから

幕府方の要職にあった小堀遠州は主に伏見などに居って政務をみており、小室村に小堀家が陣屋を築いたのは二代藩主の政之の頃であろうと推定されることから、厳密に言えば、小堀遠州自身はその足跡をほとんど田根村には残していない。だが田根の人びとにとっては、現実の小堀遠州ら五先賢の事績とされる逸話の真偽を確かめる以上に大切な命題が常にあった。

戦前、近代国家が成熟してゆく過程では、小堀遠州ら五人の賢人の存在は、田根村の人びとにとって自分たちの村の歴史文化が国家のどの部分に接続されるのかの指標となった。そして戦後、高度経済成長が進み田根村の子供たちがみな都会へと出てゆくようになると、五先賢は郷土の誇りと自信のシンボルとなった。村に残る大人たちは、小堀遠州ら地元から出て中央で立身出世を果たした郷土の偉人たちの事績を語って聞かせ、たったひとりで都会へと向かう子どもたちの背中を力強く押してやったのである。

そして現代、郷土教育や伝統文化への回帰の動きが日本中で広まっている。ふるさとのイメージへの回帰は、実際の農村生活の実態とは大きくかけ離れたものなのだが、理想化された世界を希求する人びとは確実に増えていっており、各地方もその表層的な幻想を喧伝する作用に一助を為している。田中礎の生きた時代に、地方に住む人びとが切望したのは、牧歌的なふるさとの原風景に適合する郷愁のイメージではなく、日本の通史に適合する〝特色ある郷土の歴史文化〟だった。この次の時代に、小堀遠州ら五人の賢人にはどのような役割が付与されるのか、注視してゆく必要がある。

註

（1）『新編藩翰譜』第三巻（一九七七年　新人物往来社）二一六頁参照。
（2）森蘊『小堀遠州』（一九六七年　吉川弘文館）三四七頁参照。
（3）『東浅井郡志』巻参（一九二七年　滋賀県東浅井郡教育会）一一五頁参照。
（4）森岡清美『近代の集落神社と国家統制—明治末期の神社整理—』（一九八七年　吉川弘文館）三三一頁参照。
（5）文部省編『学制百年史』第一編「近代教育制度の創始と拡充」第四章「戦時下の教育（昭和十二年～昭和二十年）」（一九八一年　帝国地方行政学会）参照。
（6）『教化村施設計劃書』（一九三七年　滋賀県東浅井郡田根村）参照。

終章　それからの戦国武将と現代

一　戦国武将の事績から紡ぎ出される「物語」

戦国武将の「物語」の力

これまでみてきたように、戦国武将たちはそれぞれに歴史にその名を刻み、数々の逸話を残してこの世を去っていった。彼らの生前の行状や逸話などは、やがて人びとの口の端にのぼるようになり、起承転結が整えられ脚色が加えられるなどして、語り継がれる「物語」となっていった。

そして、時に物語は強化され、これを伝達継承させる記憶装置として、神社や祠などの建物、あるいは顕彰のための石碑などが機能していった。また数々の逸話が文化人たちによって書き留められ、時には挿絵なども添付された刊行物となって広く世の中に頒布された。こうして再生産された物語は、時代の変遷とともにさらに彩りを増してゆき、解釈の整理なども行われて、さらなる物語化が進んだ。

戦国武将に対する語りが、江戸時代から近代、そして現代まで受け継がれてゆく中で、時代の変化とともに形成される世相の影響を受けることは自明であった。例えば、江戸時代は戦国の最終勝者である徳川家康が開いた幕府の時代であり、その子孫である徳川家の存在は、影に日向に各戦国武将の物語形成に影響を及ぼした。そしてその余波は、徳川家を打倒する形で到来した明治維新にも当然のごとく影響し、反動的なかたちで浮揚する物語が現れる一方、中央集権を旨とする近代国家の出現によって、創出された「中央」と「地方」という構図が、新たな要因として戦国武将の物語を構成していった。

そして現代、前近代から近代へと時代の中を駆け抜けていった戦国武将の物語は、しかし時代の波の中で消え去るのではなく、新たな生命力を与えられて、そして社会に対する明確な意義をもって、前にも増して強力に語り継がれている。人びとは、そして時代は、戦国武将の物語を欲し、これを消費してゆく。しかし、それでもなお「物語」は増殖をつづけ、喰らわれても喰らわれても、魅力を発揮しつづけている。

明智光秀—語りによって構成される歴史観—

例えば明智光秀の物語は、本能寺の変を起点として紡ぎ出され、武士の世の道徳を外れた反逆者としての汚名とともに、彼が謀反を企てねばならなかったその悲劇性に焦点が当てられたことが特徴であった。徳川幕府が支配した武士の時代、彼の行状は不道徳の極みとして必ずしも武士の間では称賛を浴びなかった。しかし、信長を倒すというある種の偉業を達成しながら、世間からの賛同を得られずに孤立してゆき、わずか数日間の後に、決戦に敗れ、最後は竹藪で名もなき百姓たちに討たれて死ぬという惨めさは、罵詈雑言を浴びること無く、むしろ庶民の同情を買うこととなる。

ただ、当初の明智光秀の語られ方は、恨みを残して死んだ者への畏怖の念が含まれる傾向がみられた。殊に長らく政治の中心都市であった京都では、政治闘争の果てに不遇をかこち亡くなった者たちを恐れ、これを慰撫する観念が強く、それは御霊信仰というかたちで定式化していた。北野天満宮に祀られている菅原道真がその代表例で、ほかにも早良親王や崇徳上皇など、無念の思いが祟りとなってふりかかることを恐れる語りの中で、位置付けられている歴史上の人物たちは多い。最初に光秀の墓が祀られた背景にも、御霊信仰の定式に則った側面がみてとれた。しかし、光秀に対する語りは、彼が洛中の税金を免除し善政を敷いたというプラスのイメージの方が次第に増幅されてゆくように移り変わり、その意味が変質していったところに面白みがあった。

そして、彼の物語がより具体的な像を結んだのが『絵本太功記』などの芝居に脚色された「武智光秀（明智光秀）」というキャラクターの登場によってであった。上司である小田春永（織田信長）からのいじめに耐えに耐え、最後にその上司を討ち、しかし悲劇的な最期を迎える光秀の人物描写は、大衆から大きな支持を得た。その人気は近代以降にも持続し、歌舞伎役者の七代目市川団蔵による名演技ともマッチして、庶民の間に不動の人気を誇る「物語」を提供した。明智光秀の物語が語り継がれた背景には、その庶民から寄せられた同情と共感があったのだ。

こうして明智光秀の物語は、時代とともに色褪せることなく、むしろ実在の人物としての光秀が物語の主人公として昇華してゆくことで、庶民に受け入れられその生命力を増大させていった。光秀の物語の起点となった、本能寺の変という歴史上きわめて希有な事件は、その動機など歴史学によって実証的に解明することが未だに為されていない部分が多い。人びとの中に横たわる、この事件の動機が未解決であるという煩悶を埋めてきたのは、実は後世に構築された光秀の物語なのである。かの事件は、物語に培われた光秀のキャラクター等によって説明が行われ、それは時に歴史学者によって援用される事態ともなっている。

明智光秀をめぐる物語の中には、我々の持つ死生観や倫理観のほか、時代ごとにさまざまな観念の反映がみられる。それは多様な分野によって検証されるべき素材となり得るものと思う。歴史事象は歴史学だけが扱える素材ではないし、歴史的に検証された事実だけが我々の歴史文化を構成しているわけではない。語りによって構成される歴史観というものを、実証性が薄いとして斬って捨ててしまうのではなく、時にはこれに正対してみる必要があるのではないだろうか。

秀吉―人神信仰という分析視角では見えないもの―

豊臣秀吉の物語は、『太閤記』などの流布によって江戸時代から広く知れわたり、庶民の人気を博した。墨俣の一夜城や備中高松城の水攻め、中国大返しと山崎の合戦での主君信長の仇討ちなど有名な逸話は数多く、物語化されたその華やかな生涯は、日本の歴史の物語として人びとに共有されていった。豊臣秀吉は、日本中の誰もが知る戦国武将であり、日本史上、不世出の英雄である。彼はその生涯そのものが物語のような人物であった。この豊臣秀吉の「物語」は、その英雄的生涯のためか、きわめて波の激しい変遷をたどることとなる。それは秀吉自身が自らを神として祀ることを画策し、その死後豊国大明神として祭祀される対象となったことと密接に関わっている。

戦国武将が神として祀られた例としては、豊臣秀吉のほかに東照大権現として日光や久能山などに祀られている徳川家康のそれが既知であるが、実は、江戸時代の中頃から後半にかけては、全国の各藩大名家において、その藩の礎となった初代藩主の偉業を顕彰し、あるいは神として祀ろうという動きが活発になっている。これに関し宮田登は、人が神として祀られる形態について、祟る御霊から人神へという形態とともに、生前に激しい力を持っていた存在が死後神に祀られる場合があったとし、「歴史的には、豊臣秀吉を豊国大明神に祀ったのを嚆矢とする」(1)と述べて、その代表例に豊臣秀吉を挙げている。宮田は、秀吉が自身を新八幡として祀るよう遺言したことに着目し、それが豊国大明神という名称が与えられたことによって「中世以前の八幡と人神の関係が否定された感がある」とも述べ、「近世型の人神は、中世の御霊にもとづくものと異なって、神となる人間が遺言を発することによって、その霊験が語られ、そこには生前の悲惨な生活があまり強調されず、むしろそれを祀る側の人々の欲求が、打ちだされている」として、時代の結節点における人が神に祀られる様態の変化について、豊臣秀吉の祀られ方が重要な位置を占めていることに言及している。(2)また松崎憲三は、豊国祭礼図屏風に描かれた情景などから、豊国神社が創建当初から上方の人びとにそれなりの親近感を持たれていたとし、長浜における豊国社の事例を地子免除の恩恵を背景とした秀吉信仰を宗教現象と捉え、それらは時代を超えて共通すると述べる。(3)

ただ、秀吉が神として祀られた豊国大明神には、豊臣家が滅亡して以降、神としての位置を剥奪されるが、しかし、明治維新には時流に乗るかたちで再び神として復権していったという特殊性が要点のひとつとしてある。神になった豊臣秀吉は豊国神社に祀られるが、桃山時代に豊国神社が創建されるときと、明治になって再び豊国神社が建てられるときには、いずれも庶民による風流踊りが熱狂的に催されている。その様子は共に屏風絵として残されているが、屏風自体が一種の記憶装置として作用している点が興味深い。

豊国神社や豊国廟のほか、諸社や石碑などゆかりの場所に建立されたさまざまな施設によって、秀吉の事績を記憶する装置は世に溢れている。その装置の記憶からどのような物語を紡ぎ出すかは、その時々の人びとの感情と、人びとを取り巻く世相によるのである。地方都市である長浜における秀吉の語られ方などは、その一端を如実に表している。豊臣秀吉の物語が顕在化する様態は、流行する庶民信仰などの宗教現象の形態のひとつとして捉えるだけでは見えてこない部分がある。

「物語」によって神になった秀吉

また、秀吉をめぐるこうした庶民の熱狂の背景に、秀吉の英雄的行為をみる向きも多い。ただ、近代になってからの豊国神社の再建には、皇国の英雄として大陸への侵出を称揚するものであったとして、批判的なまなざしが向けられる場合もある。庶民に支持された秀吉神話について日本中世史の研究者である藤田達生は、「「秀吉神話」は、いまも歴史小説や時代劇などを通じて繰り返し再生産されている「墨俣一夜城」をはじめ、そのほとんどが史実としては否定されているにもかかわらず、NHK大河ドラマでさえ採用しているのである。さらには、戦後の研究のなかから誕生した新たな「神話」が、秀吉像を更に肥大化させている」と批判する。藤田は、秀吉が死後国家神になり、江戸時代には庶民の英雄として語り継がれ、近代以降は軍国主義の象徴的な位置に収まるというその振幅の大きさについて触れ、「後世の人間が秀吉という一人の人物のどこに注目するかによって、評価にこれほどの落差が生じる」とも述べる(4)。

これに対して文化人類学者の小松和彦は「歴史家が記述する太閤像も、煎じ詰めれば近代歴史学という「過去の解釈方法・装置」によって歴史家が「再構築した太閤像」ではないのか」と述べて、庶民の間に語り継がれた「太閤像」と歴史学者が検証した「太閤像」では、研究者の視座が必ずしも「神」のように高みに立った視点からのものではなく、実は双方が同じレベルに立っているのだとして、歴史研究者自身の中にも、既に秀吉の「物語」の影響は深く食い込んでいるのだということを指摘している(5)。

小松は「社、祭礼、縁起物語といったメディアを通じて、死者の生前死後の「出来事」(物語)が時間を超えて記憶される(6)」とするが、小松の見解を借りて述べるならば、太閤秀吉は神になり庶民の人気を得たが、それは秀吉という人物の帯びる「物語」がある種の神と化したのであって、生前の秀吉が徳を高めるなりして自身を神に昇華させたのとは違うということになるであろう。豊臣秀吉の物語は、彼が神として祀られたことも含めての「物語」なのであり、彼の物語を語り継いだ人びとの思いが結実し、あるいは何かの願いが仮託されたひとつの結果なのだ。

であるからこそ、歴史学者が史料の分析を元に戦国武将をめぐる史実と伝承との違いを指摘しようとも、人びとの間に長く受け継がれてきた彼らの物語は、おいそれと消え去ることは無い。秀吉をめぐる事例から言えるように、史実の検証という崇高な作業は別にして、巷間語り継がれた戦国武将の物語を、継承された文化の側面として捉え、そこから何が見えるのかを一度肯定的に検証してみる必要があるのではないだろうか。

二　近代の展開と戦国武将

山内一豊―内助の功の物語の呪い―

戦国武将の事績は、彼らの時代が終りさらに武士の時代が終りを告げた近代以降に新たな展開をみせるようになった。例えば山内一豊の「物語」は、教科書という影響力抜群の媒体によって強力に頒布されたという特色がある。ただその物語は、戦国武将のそれとしてはきわめて異例の流れをもっていた。それは一豊ひとりでは為し得ぬ物語、「内助の功」という女性に特化した要素を有する物語であった。

一豊が妻のへそくりを元手に名馬を購入し、そのことをきっかけに出世の糸口を摑むという物語は、家父長制的家族関係がむしろ深く浸透していった近代において、女性たちに対し、まるで呪いのように語り継がれていった。夫に尽くしその出世を支えよという教えは、戦国武将の家族を舞台にしながら、実はきわめて現世的な教訓を含んだ物語だったのである。ただ、山内一豊という土佐藩の藩祖にまで出世した人物を主人公とし、必須アイテムとして黄金と名馬という要素を取り入れた構成は、物語としては非常に良くできていた。そして、絶妙の構図をもった挿絵が、さらにその印象を深める作用を十分に果たした。

教科書という近代的な媒体によって喧伝された山内一豊の物語は、しかしながらその内容は「内助の功」という非常に儒教的で前近代な雰囲気を色濃く持つものであった。そのためか、この話の史実性についてはさほど問題にされること無く、教訓話、あるいはたとえ話的な立地で語り継がれた。こうして、明治から昭和初期までという長期間にわたって教科書に採用されつづけた山内一豊の物語は、国民の物語として共有され、ついには山内一豊という人物評を形成するに至ったのである。

石田三成―現代に語られる物語の獲得―

そして、石田三成復権の道程もまた近代においてその端緒を摑んだ。江戸時代に不当に貶められていたという点では、石田三成は豊臣秀吉と類似する位置にあったが、秀吉が『絵本太閤記』の刊行などによって江戸時代にも庶民に根強い人気を誇ったのに対して、石田三成の事績は江戸時代には浮揚のきっかけが得られなかった。それは、三成が江戸開闢の祖となった徳川家康と正面から敵対した人物であり、かつ彼が敗れた関ヶ原合戦の結果が、その後の社会秩序の根幹のひとつとなっていた点とも深く絡み合っていた。そのため、徳川政権が転覆する幕末維新の時代には石田三成の評価は逆転し、彼は近代になって見事に復権を果たす。しかし、その時はまだ、彼の生涯は「物語」としては完成していなかった。

確かに、石田三成をめぐる逸話は江戸時代から幾つかが知られていた。しかしそれらには具体的な論評は為されず、つまり三成という人物像を形成する骨格は十分には固まっていなかった。その時点で彼は、江戸時代の勝ち組の者たちを引き立てる敵役でしかなかったのである。江戸時代に作られた関ヶ原合戦をめぐる物語の記憶は、絵画にせよ書籍にせよ、すべてそのことを示している。近代以降復権した石田三成であったが、渡邊世祐ら歴史研究の専門家によって導き出されたのは史実としての三成の姿であり、そこに物語性は希薄であった。石田三成の「物語」は、渡邊らによる研究をベースに、三成のゆかりの土地において醸成される。それは郷土研究によって新たに〝発見〟された成果を元にしたものであり、「能吏」で「智将」であり、クールな「郷土の偉人」としての石田三成であった。

関ケ原の敗戦は石田三成の悲劇性を語る事象であった。しかし彼の物語における悲劇の方向性は、明智光秀が帯びるようなパーソナルな発現はみせなかった。三成のキャラクターを際立たせたのは、主君秀吉に仕え、豊臣家に殉じた悲劇であった。そして、そこから導き出された「義」というキーワードが現代における彼の「物語」を形成してゆくこととなる。「義の武将」という、下剋上が常套とされる戦国時代の社会秩序にあって大いに矛盾をはらんだ表現によって、石田三成は現代的に語られる「物語」を獲得したのである。

長宗我部盛親―包括される近世の歴史―

近代に復活したという点においては、長宗我部盛親の物語もまた同じであった。長宗我部盛親は、関ヶ原合戦に破れ大坂の陣でも豊臣方について破滅してゆくという観点で、石田三成と同じ方向の悲劇性を備えた戦国武将であった。しかし、盛親は三成のように主君に殉じた義の武将として語られることはなかった。盛親の帯びた物語は、偉大な父親の名跡を受け継ぎながら時代の波に翻弄され滅んでゆく悲劇であった。そして、長宗我部盛親の事績は彼自身の生前の行為のみによって顕彰されたのではないという点にも特徴があった。

長宗我部氏の事績が再び語られるようになった背景には、土佐藩における政治体制の特徴と、幕末維新の志士の活躍というふたつの影響があった。関ヶ原合戦の後の長宗我部氏改易後に土佐に入封した山内氏は、在地の勢力を郷士という下級武士として土佐藩の政治体制に組み込み、そのことが土佐藩内の不満となって鬱積されていった。そして幕末になると、郷士を中心とした一団は藩政改革さらには幕政改革を求めて土佐勤王党を結成するに至るが、彼らは自らの置かれた不幸な境遇を長宗我部氏旧臣の末裔であるが故と位置付け、戦国時代の長宗我部氏の栄光を自身の存在証明として活用した。

その後、明治維新を迎え新政府の要人となったかつての郷士たちは、自分たちの足跡を回顧し、志半ばで倒れていった仲間たちの生涯を称揚した。そこには、土佐藩で郷士という身分に置かれた者たちのすべてが、必ずしも長宗我部の遺臣の末裔というわけではなかったにもかかわらず、皆に等しく長宗我部遺臣の子孫としての郷士たちの物語が付与されていった。それ故に、幕末における土佐藩の下級武士たちの物語を紡ぎ出すためには、「旧主」である長宗我部氏の礼賛は必須だったのである。その意味では、戦国武将長宗我部盛親の復権は、幕末に活躍した土佐藩出身の志士たちに対する顕彰活動の副産物として出発したのであった。そして、長宗我部氏の物語の復活とともに、「郷士イコール一領具足ら長宗我部遺臣」という理解は、一般の人びとだけでなく歴史研究者の間でも長く堅持されつづけることとなった。

近代に構築された知識体系の軸線上

山内一豊も石田三成も、そして長宗我部盛親も、彼らが現代において語られる経緯には近代と前近代の狭間で起こった価値観の変化が影響していた。もちろん彼らについての語りが醸成される背景には、前近代から継承されてきた記憶の断片が大きく作用している。しかしそれらがやがて像を結び、ひとつの物語となって我々の眼前に現れるに至るまでには、事象の整理と物語化のプロセスがあった。そこで大きな作用を及ぼしたのは、実は近代以降に確立された知識の体系であった。

山内一豊の物語は、修身という教科ではあったにせよ、近代的な教育プログラムの産物である教科書の中で物語化され、近代以降の人びとの記憶の中に留められていった。石田三成の物語は、朝吹英二という幕末に勤王の志士であった男によって想起され、当時の歴史学のオーソリティーである渡邊世祐の研究活動がその基礎を構築した。そして長宗我部盛親の物語は、明治維新以降に行われた幕末の志士たちへの事績顕彰の過程から起立していった。

そしてそれぞれの物語は、近代初頭に培われた各々の顕彰活動等を土台として、その骨子を大きく覆すことなく、その上に新たな歴史事象の分析を成果として上乗せしてゆくことで豊かさを増していった。それ故に、山内一豊は千代の内助の功によって出世したと長く理解され、石田三成は豊臣家に殉じた義の武将として位置付けられるに至った。そして、土佐の勤王の志士たちは長宗我部氏遺臣という逆境から明治維新の立役者となったのだとの語りが確立され、長宗我部盛親の復活へとつながったのである。

つまり、彼ら戦国武将の物語は、近代に構築された知識体系の軸線上において形成されてきたのだ。こうして、彼らの物語は現代まで連綿と受け継がれ語り継がれてきた。それは我々の基本的な歴史知識として定着し、道徳や倫理観とも絡み合いながらその深い部分に根を下ろしている。それ故に、民間の人びとは勿論のこと、専門の歴史研究者ですら、その共通に了解される「事実」から完全に免れることは容易ではないのである。

郷土研究の黎明と小堀遠州

そして、最後に登場させた小堀遠州の物語は、実は遠州という戦国末期に出現した著名人に仮託させた、近代化される日本にあってその存立をかけた〝地方の物語〟であった。狂言回しを勤めたのは、郷土史家の田中礎。当時日本の各地には、田中をはじめ数々の郷土史家が誕生していた。しかし、彼らが目指したもの、あるいはその研究手法にはさまざまなバリエーションがあった。黎明期の郷土研究には、幾つもの可能性があったのだ。

郷土研究というテーマを最初に広く世に問うたのは、日本民俗学の創始者の柳田國男であると言われている。柳田は明治四十三年(一九一〇)に新渡戸稲造らとともに郷土会を発足させ、大正三年(一九一四)にはドイツ文学の研究者であった高木敏雄と雑誌『郷土研究』を創刊している。柳田は、郷土研究が郷土の人びとによる郷土への自己認識であり、郷土生活を営む上で直面する課題解決への糸口となることを示唆した。柳田は経世済民の学たる郷土研究を唱えるのだが、こうした動きは、当時の農本主義運動の隆盛などとも結びついて、郷土教育などの分野で積極的な展開をみた。しかし、郷土研究は一方で柳田の思想から離れ、郷土の偉人の顕彰や地方と中央との関係性のなかでの論述に特化する傾向にもあった。そして、田中礎の郷土研究は後者を選択したのである。

歴史学者の羽賀祥二は、当時の地域社会における歴史的遺蹟への関心の高まりを見据え、「歴史というものを人々の社会に対するさまざまな功績が累積したものと捉え、そうした顕著な功績を挙げた人々を顕彰するものだった。そして功労者の顕彰の究極には、彼らの神格化があった」と述べる[7]。田中にとっての郷土研究も、地域にゆかりの偉人の功績を顕彰することを重要な骨子としていた。田中による小堀遠州の「発見」は、まさにその渦中の思索であった。

地方の焦燥感と郷土研究

田中礎の一生は、日本人が日本人として成熟してゆかんとする時代の「物語」であった。幕末、勤王の志士たちはニッポンの夜明けを信じて戦ったが、彼らはまだ地方のアイデンティティーを背負った者たちであり、坂本龍馬は「土佐の坂本」であり、西郷隆盛は「薩摩の西郷」であった。明治維新以降、政府は近代国家建設のために急速に中央集権化を推し進めてゆくが、その過程で生まれた中央と地方という対抗関係は、中央に切り捨てられるという焦燥感を地方に植え付けることとなった。

日清日露の戦勝に沸き、急速に「日本人」としての意識を高めてゆく国民に、田中礎も積極的に同調する。しかしその一方で、郷里の鎮守が統合され失われてゆくという事態を目の当たりにして、これに強硬に反対し、郷土の歴史を研究することでこれに対抗する手段を田中は編み出してゆく。この時期、日本の各地で神社合祀反対運動が立ち上がっており、また、地元の神社の社格を上昇させることを目論んだ研究や資料蒐集などが行われていた。郷土の歴史を研究しその大切さを国に示すことが、ふるさとを守ることに合致していたのである。そしてその方途は、日本の歴史、つまり日本の国の「物語」の中に、自分たちのふるさとはどのように位置付けられるかを示すことであった。

田中礎が小堀遠州の事績を「発見」するのも、こうした時代の流れの中においてであった。小堀遠州という日本史上有名な武将を、〝地方〟である自分たちの郷土の歴史と接続させることで、田中礎はふるさとを併呑せんとする〝中央〟と戦ったのである。

三　戦国武将と現代社会

観光資源としての戦国武将

前近代から近代、そして現代に至る時代の流れの中で、戦国武将の物語はその時代ごとの課題に対応しようとする活動に相応しい利用のされ方をしてきたし、時には歴史研究者からみれば捏造すれすれの解釈もまた是とされた。それは庶民の願いであったり、国家の大願であったりと、凄まじい振幅をもった招請であったが、戦国武将の「物語」は巧みにそれらに対応してきた。

そして現代、戦国武将をめぐる語りは、新たな課題に直面している。それは観光資源としての活用を地元から期待されるという、戦国武将に対する新たな欲求である。例えば、本書の冒頭で示した二〇〇九年の歴女ブームは、その後も形を変えて進行していて、むしろブームのあおりを受けて、歴女たちを積極的にわが町に呼び込み、観光を活性化させようとする動きは、今が盛りのようにも見受けられる。各地では戦国武将などをモチーフにしたゆるキャラが踊り、萌えキャラが誕生し、それらをプリントした土産物が販売されるなどしている。

こうした動きに近年とみに拍車をかけているのが、テレビや映画などで戦国武将を扱ったものが放映上映される際のタイアップ関係である。日本各地の自治体には撮影のロケ地情報を提供するフィルムコミッションがつくられ、映画撮影に関してさまざまな便宜が図られるようになっている。ロケ地として供出されテレビや映画の映像として切り取られ再編されたふるさとの風景は、その作品のイメージを巧みに取り込んで、一定の経済効果をもたらすと考えられている。

そして、もうひとつの要素として、登場人物にゆかりの土地というアピールの方法の確立がある。その最も顕著な例が、ＮＨＫが毎年タイトルを変えて放映する大河ドラマにおいてみられる。

大河ドラマビジネスと地元自治体

二〇一二年放映のＮＨＫ大河ドラマ「平清盛」に関連して、当時の井戸敏三兵庫県知事が、映される画面の汚さを指摘し物議をかもしたことは記憶に新しい。知事は瀬戸内の海が美しく映されていないことなどにも言及するようになり、マスコミも知事の発言を積極的に報道するという状況になった。兵庫県の首長が公共放送とはいえ一ドラマに苦言を呈するというある種異例の事態は、昨今のＮＨＫ大河ドラマの置かれている状況を如実に表している。

「平清盛」の舞台は、平安時代の京都を中心に、西国の海運力を掌握した清盛の生涯を反映して、清盛が建立した美しい社殿を持つ厳島神社のある広島と、彼が根拠地として置いた福原の都が位置した兵庫県であったが、ドラマの放映に合わせて、兵庫県ではさまざまなイベントが企画されており、ドラマの成否はそのまま兵庫県の催事の浮沈へと繋がっていった。兵庫県知事の発言は、おそらくそうした背景からのものであり、その催事を起爆剤として計画された観光事業への悪影響を懸念したことから出たものであったと推察される。

本書でも紹介した、豊臣秀吉の事績によるまちづくりを推進してきた滋賀県の長浜市では、一九九六年のＮＨＫ大河ドラマ「秀吉」の放映とタイアップして開催した北近江秀吉博覧会によって知名度を上げ、その年の観光需要は前年をはるかに上回る伸びをみせた。長浜では、博覧会の開催に合わせてボランティアスタッフを育成するなど観光ソフトの充実にも力を入れ、一過性で終りがちなテレビとのタイアップ事業から一定程度の継続的効果を誘導し得た成功例として認知されている。その後、長浜市は二〇〇六年放映の大河ドラマ「功名が辻」では、長浜城主でもあった主人公の山内一豊と千代をモチーフにした「北近江一豊千代博覧会」を開催して年間六六万人の来場者を記録し、二〇一一年には、大河ドラマ「江～姫たちの戦国～」で地元湖北が舞台となることを捉えて「江・浅井三姉妹博覧会」を開催し、年間一一八万人の来場者を獲得している。

大河ドラマの放映に伴う主人公にゆかりの地での経済効果については、経済関係を中心に実に数多くの提言がなされている。二〇〇二年度に放映された「利家とまつ」では、加賀百万石の藩祖となった戦国武将前田利家とその妻まつが主人公となったが、その放映を前に日本政策投資銀行北陸支店がまとめた「大河ドラマを活かした観光活性化策」というレポートでは、ドラマ放映に伴う観光需要を一過性のものとせず、持続的な需要を喚起するための重層的なイメージづくりが提言されている(8)。そのほかにも、二〇一一年に坂本龍馬を主人公にした「龍馬伝」の放映に際しては、日本銀行高知支店がその経済効果を五三五億円と試算し、ドラマ放映を契機とした観光産業の盛り上がりを持続させ、高知のもつ観光資源を活かした事業を推進してゆくことが謳われた。

ここで特徴的なのは、ドラマ放映に伴う地元経済の活性化が放映前から既に折り込み済みであるということである。現代社会は、戦国武将をはじめとする歴史人物の使用方法を熟知しているのだ。

「物語」の重要性

戦国武将は、群雄割拠の時代に各地に蟠踞したという設定があり、それ故に各地方における優良な観光資源となり得る要素を持っていた。それを巧みに利用し、観光からまちづくりの資材として活用することは、今や至極あたりまえのこととなった。戦国武将などをモチーフとした観光事業の成功を目の当たりにした各地の自治体や商工関係者は、自分たちのまちの〝戦国武将〟を探索してそこに優良な観光資源としての可能性を求め、それを元にドラマや映画の誘致合戦を展開するようになった。

戦国武将の由緒来歴を地域文化のひとつと見定め、観光資源として開発してゆくという動きは、もはや現代社会において特殊な事例ではなくなりつつある。歴女ブームを受けての動きなどはその一例であるが、戦国武将が求められているという実感は、今さまざまな立場の人びとが共有している感覚といって差し支えないだろう。ただ、ここで注意しておかねばならないのは、真に求められるのは一体何なのかという見極めである。

例えば、先に紹介した滋賀県長浜市による豊臣秀吉を主題とした観光開発やまちづくりの取り組みは成功例のひとつとして知られているが、それは昨日今日安易に結実したというものではない。長浜は自分たちの町を豊臣秀吉が創造したという〝価値〟にいち早く気付いていた。江戸時代に、それは租税免除の特権を守護するという目的で顕在化し、長浜の人びとは、領域を可視化させる装置として石柱を立て、秀吉の御遠忌を催事として実施して、為政者をはじめ周辺地域の人びとへのデモンストレーションを展開した。長浜には秀吉を「物語」として主題化し受け止めるちからを、長い年月をかけて育成してきたという背景があったのだ。

小堀遠州の事績を顕彰した田中礎の取り組みは、疲弊した地域の再生という命題に郷土の歴史研究の成果を充当させようとするもので、そこでは地域の実情にマッチした新たな「物語」の創造が年月をかけて為されていった。郷土教育という観点からみれば、石田三成の事績が地元の小学校の教材として活用されているという事例もまた、それに合致するものであろう。ふるさとをキーワードとした戦国武将たちの事績の読み替えは、地域の教育環境にひとつの柱を形成し得た。幼少期よりその心に織り込まれた地元にゆかりの武将たちの物語の数々は、郷土愛からまちづくりへと、長ずるにつれてその地に暮らす人びとの発想を巧みにリードしていった。

戦国武将に限ったことではないが、例えば歴史上の人物や歴史事象を地域の観光等の素材として資源化してゆくために必要なのは、歴史資料の集積と分析もさることながら、それらを地域住民が等しく共有できる「物語」として結実させること、つまり地域の人びとを納得させる妥当性のある共通理解という「事実」なのではあるまいか。歴史事象を物語化してしまうことの是非についてはここでは敢えて触れないが、時代を超えて受け継がれてきた物語の持つ力強さは、認めないわけにはいかないであろう。

四　戦国武将の民俗誌を記述する

戦国武将に限らず、歴史上の人物に対する後世の語りというものは、学問の世界からはこれまでさほど重視されてこなかった。従前の歴史学は、何を置いても客観性を重視するものであり、同時代の史料を集約し、その批判と分析から事実を洗い出すことを旨とする。それ故に、同時代の史料ではない後世の語りは分析の対象とはならず、しかもおそらくは荒唐無稽なものと判断されるその内容は、客観的な史実を看破する材料とは成り得なかった。

だが、近年は歴史学でも由緒論などがその俎上にのぼることがあり、例えば日本史学者の山本英二は「詳細に由緒の内容や構成を検討すれば、そこには歴史と記憶があり、時代に応じた歴史意識が反映されているのである」と述べたりもする。(9) 戦国武将について縦横に語られた「物語」を、これは史実ではないといって切り捨ててしまうのでは、そこに込められた何らかの意味すらも封殺してしまうように思われてならない。歴史上実在した人物に対して、例えばそれが史実とは異なったとしても、何がしかの語りが付与されてゆき、それがひとつの「物語」として固着化してゆくというプロセスには、その「物語」が各時代に希求されたという事実があり、そして時代を超えてその「物語」が受け継がれて、あるいは改変が加えられてゆくことにも、同じことが言えるはずである。

これまで本書では、明智光秀・豊臣秀吉・山内一豊・石田三成・長宗我部盛親・小堀遠州の六人の戦国武将を取り上げ、その生前の活動についてよりも、むしろ彼らが活躍した後、その行状がどのように語られ、そしてその語りがどのように変化してきたのかについて重心を置いて論述を重ねてきた。そのために用いてきた資料は地誌や伝承や史蹟などで、それらはこれまで歴史学では二次資料としてあまり信を置かれてこなかったものが大半である。それらを蒐集し一連のものとして記述するある意味民俗誌的な手法で、六人の戦国武将の〝その後〟を整理したのが本書である。

江戸時代から明治維新を経て、大正・昭和、そして平成へと時代が移り変わる中で、彼らの物語が醸成され受け継がれてきた過程をみてきたわけであるが、そこには、史実として定置されるものとは異なるが、戦国武将の事績として魅力をもって人びとに受け止められつづけている彼らの物語があった。民俗誌的な記述からは戦国武将の語られ方の道程を検証することができ、この作業によって、史的検証の網にかからずに半ば定説となっている各武将の逸話がどれほどあるのかが見えてくるものと思われる。その意味で戦国武将の民俗誌とは、〝何がわからないのかがわからない〟という現状を、検証する手段のひとつになり得るものと考える。先に紹介した小松和彦の指摘にもあったように、歴史事象を分析する現在の学のすべてが近代の中で生み出された知識の体系に属する以上、この作業は実は重要なのである。

そして、歴女や大河ドラマビジネス等にみられる如く、戦国武将の事績の検証という作業は、歴史的に史料分析によってなされるものであると同時に、きわめて現在的な意味を持っている。戦国武将の物語は、それが戦国時代という特殊な時代を背景としていたことから、ことさらに興味深い展開をみせてきた。下剋上という言葉によって象徴される社会は、例えばそれがイメージであったに過ぎないにせよ、無秩序で破壊的で享楽の世界と認識され、それ故に現代では、戦国時代を表す記号として「ロマン」の文字が、何の疑問も持たれることなく付与される。

文芸評論家の加藤典洋は「いま私たちは、このような方法、つまり記憶と伝承と物語と想像を回路とする方法によってしか「ありありと」過去の歴史的事実と向かい合えなくなっている」と述べる(10)。各地で戦闘が起こり、一度の戦いで何百何千という死傷者が出る時代をロマンという言葉で表記できる我々の認識は、おそらく実際の戦争行為とは切り離された世界で語られる、戦国武将の「物語」によって救われてきたのであろう。

註

(1)　宮田登『生き神信仰―人を神に祀る習俗―』（一九七〇年　塙新書）一五頁参照。

（2）宮田登「ひとがみ　人神」（大塚民俗学会編『日本民俗事典』一九九四年　弘文堂）五九八頁参照。
（3）松崎憲三「信長・秀吉の信仰と祭祀―摠見寺・建勲（神）社と国（神）社―」（『人神信仰の歴史民俗学的研究』二〇一四年　岩田書院）六七～六八頁参照。
（4）藤田達生『秀吉神話をくつがえす』（二〇〇七年　講談社）六、二七頁参照。
（5）小松和彦『「伝説」はなぜ生まれたか』（二〇一三年　角川学芸出版）五一頁参照。
（6）小松和彦『神になった人びと』（二〇〇一年　淡交社）一二～一三頁参照。
（7）羽賀祥二『史蹟論―十九世紀日本の地域社会と歴史意識―』（一九九八年　名古屋大学出版会）一頁参照。
（8）「大河ドラマを活かした観光活性化策～持続的な観光需要の創出に向けて～」（二〇〇〇年　日本政策投資銀行北陸支店）参照。
（9）山本英二「日本中近世史における由緒論の総括と展望」（歴史学研究会編『由緒の比較史』二〇一〇年　青木書店）一八頁。
（10）加藤典洋『村上春樹は、むずかしい』（二〇一五年　岩波書店）一四四頁参照。

初出一覧

序　章　書き下ろし
第一章　京都文化博物館研究紀要『朱雀』第二十七集　二〇一五年三月　京都文化博物館
第二章　『京都民俗』第三十三号　二〇一五年十一月　京都民俗学会
第三章　『近江地方史研究』第三十八号　二〇〇六年九月　近江地方史研究会
第四章　展示図録『徳川家康没後四〇〇年記念特別展　大関ヶ原展』二〇一五年三月　テレビ朝日・ＢＳ朝日・博報堂ＤＹメディアパートナーズ
第五章　書き下ろし
第六章　『淡海文化財論叢』第三輯　二〇一一年九月　淡海文化財論叢刊行会
終　章　書き下ろし

あとがき

子どもの頃から戦国武将は好きでした。武将が主人公のテレビの時代劇はよく観ていましたし、歴史の本なども片端から読んでいました。誰も知らない超マイナー武将の経歴に心躍らせ、関連する史蹟などに行ったりすれば、ひとり悦に入っておりました。いわゆる戦国オタクというやつです。

長じて大学生となり、文学部に入って歴史研究を志したのですが、教授から最初に浴びせられたのは「人物史研究などもってのほか！」という厳しいお言葉。当時大学にはまだ唯物史観の空気が残っていて、社会経済史的な研究がまだまだ主流でした。その頃には私の戦国武将熱も幾分冷めておりましたので、いろいろあって、メモ帳とカメラを担いでフィールドワークに勤しむこととなりました。

フィールドに出た私は、自治体史の編纂に多く関わる機会を得たのですが、そのときに戦国武将の史蹟が各地に多くあることに気づきました。それぞれに郷土研究の会が設立され、記念碑が建てられ、お祭りが催されたりしていたのです。「これはなんだろう？」という疑問を漠然と感じたのはその頃でした。そして時代は変わり、学問の志向も変わり、戦国武将は現実世界の中で強く脚光を浴びるようになりました。そこで私もと、フィールドでの資料採集の成果と文献資料の渉猟を元にして、久しく封印してきた戦国オタクの血をたぎらせて執筆したのが本書です。

当初感じた漠然とした疑問がなんとか像を結ぶことが出来たのは、私が最初に勤務した滋賀県の長浜市長浜城歴史博物館での経験が大きかったと思います。この博物館は場所柄故か戦国色の強い企画を多く手掛ける館でしたが、調査研究の姿勢や資料の取り扱いの方法は厳格で、また魅力ある資料を数多く保管していました。私はここで先輩学芸員からたくさんのことを学ばせていただきましたが、特に館長を勤められた中島誠一様と、現館長の太田浩司様には、本当にお世話になりました。戦国武将の事績とどう向き合い、それをどう展示し、図録を執筆するのか。この命題に長年取り組んでこられたお二人の背中から学ばせていただいたことが、本書を形にする根幹になりました。

また本書の執筆にあたっては、現在の勤務先である京都文化博物館の学芸諸氏に多くの示唆を賜りました。特に美術の植田彩芳子氏と森道彦氏、歴史の西山剛氏と長村祥知氏、考古の村野正景氏、そして現在は高知城歴史博物館の設立準備に携わっておられる横山和弘氏からは、多くの貴重な助言をいただきました。若く学問的野心にあふれ、斬新なものの見方を教えてくれる彼らがすぐ隣に座っているという環境は、私にとってとても得難いものです。

戦国武将の史跡を巡るフィールドワークでは、現地でたくさんの人びとと出会い、それぞれに貴重な資料を拝見させていただき、また興味深いお話もお聞かせいただきました。豊国神社の大島大直様、龍潭寺住職の北川宗暢様、石田三成公事蹟顕彰会の木下茂昭様、蓮光寺住職の森慶信様と奥様、そして、郷土史家田中礎の子孫である田中利夫様、ほか数多くの皆さまには、本当にお世話になりました。この場を借りて改めて御礼を申し上げます。

そして、本書の原稿をお読み下さり「いけそうですね」と声を掛けてくださった岩田書院の岩田博様には、感謝の言葉もありません。世に出すあてもなく書き出した原稿に日の目を見させていただき、本当にありがとうございます。

最後に、執筆を投げ出しそうになる私をどうにか支えてくれた妻に感謝しつつ、本書の締めくくりとさせていただきます。

平成二十八年五月五日　尚武の日に

橋本　章

著者略歴

橋本 章（はしもと・あきら）

1968年、滋賀県生まれ。

1999年、佛教大学大学院博士課程単位取得。

2013年、佛教大学より博士（文学）の学位を授与される。

長浜市長浜城歴史博物館、長浜市曳山博物館を経て、
現在、京都文化博物館に学芸員として勤務。

日本民俗学会第28期・29期評議員、京都民俗学会理事。

専門は日本民俗学。

【主な著作】

『近江の年中行事と民俗』（2012年　サンライズ出版）、『糸の世紀・織りの時代─湖北・長浜をめぐる糸の文化史─』（共著　2010年　サンライズ出版）、『新・民俗学を学ぶ─現代を知るために─』（共著　2013年　昭和堂）、「郷土玩具蒐集家の時代─朏健之助の活動と京都府所蔵「朏コレクション」から─」（『朱雀』第26集　2014年　京都文化博物館）ほか

戦国武将英雄譚《えいゆうたん》の誕生

2016年（平成28年）7月　第1刷　800部発行　　定価［本体2800円＋税］

著　者　橋本　章

発行所　有限会社岩田書院　代表：岩田　博　　http://www.iwata-shoin.co.jp

〒157-0062 東京都世田谷区南烏山4-25-6-103　電話03-3326-3757 FAX03-3326-6788

組版・印刷・製本：亜細亜印刷

ISBN978-4-86602-970-2 C3039 ¥2800E